本书受到国家自科基金项目（项目编号：71603005）、北京市属高校青年拔尖人才培育计划项目（项目编号：1759-009）、北方工业大学毓优人才培养计划项目和北方工业大学优势（建设）学科项目（项目编号：XN081）资助。

企业信息战略与竞争情报

蒋贵凰◎编著

Enterprise Information Strategy and Competitive Intelligence

经济管理出版社
ECONOMY & MANAGEMENT PUBLISHING HOUSE

图书在版编目（CIP）数据

企业信息战略与竞争情报/ 蒋贵凰 编著 .—北京：经济管理出版社，2021. 1
ISBN 978-7-5096-7715-5

Ⅰ. ①企… Ⅱ. ①蒋… Ⅲ. ①企业管理—信息管理 ②企业竞争—竞争情报
Ⅳ. ①F270. 7 ②F274

中国版本图书馆 CIP 数据核字（2021）第 022467 号

组稿编辑：赵亚荣
责任编辑：赵亚荣
责任印制：黄章平
责任校对：陈 颖

出版发行：经济管理出版社
（北京市海淀区北蜂窝 8 号中雅大厦 A 座 11 层 100038）
网 址：www. E-mp. com. cn
电 话：（010）51915602
印 刷：唐山昊达印刷有限公司
经 销：新华书店
开 本：720mm×1000mm/16
印 张：9. 25
字 数：182 千字
版 次：2021 年 1 月第 1 版 2021 年 1 月第 1 次印刷
书 号：ISBN 978-7-5096-7715-5
定 价：68. 00 元

序　言

在知识管理时代，知识及有价值的信息是企业获得竞争优势的源泉，是企业最宝贵的资产和资源。在这一背景下，企业开始重视信息功能的培养，并开始在信息领域做出规划，形成了信息战略的思想。20 世纪 90 年代，信息战略进入企业实践领域，成为与财务战略、人力资源战略、组织战略、研究与开发战略和生产战略等同等重要的职能战略①。在 21 世纪初期，随着网络技术的迅速普及，众多优秀的企业将信息技术和信息管理作为增强企业竞争力的主要杠杆和武器，在企业价值链上不断降低成本、缩短周期、提高效率和产品附加值，全面提升企业的竞争力。信息战略逐步成为企业整体战略中的基础性战略，是组织为适应竞争环境的变化，对如何利用现代化信息技术，开发应用信息这一战略资源，并整合组织制度以期获得未来竞争优势所进行的规划。

战略管理的发展促发了竞争情报的兴起，没有竞争情报的支撑，战略管理就失去了事实的基础，战略管理过程也是一个多次信息反馈构成的闭环过程。这使信息战略与竞争情报密不可分，一方面，信息战略指导了竞争情报工作的方向，而竞争情报工作作为信息战略实施的重要环节，贯彻于战略管理循环的始终，是信息战略乃至战略管理得以实现的基础；另一方面，竞争情报的预警机制能够帮助企业及时做出战略调整，并促使企业不断关注外部环境变化，以学习和应对的双重态度在成长中提升自身的竞争能力。

本书共包含 10 章内容。其中第 1 章属于基础概念，阐述了数据、信息、情报、知识和智慧等概念的区别和联系，从而帮助读者更好地区分数据管理、信息管理、竞争情报、知识管理等概念。第 2~4 章分别阐明了信息战略的三个不同意图，即适应竞争环境、构建信息能力和获取竞争优势。第 2 章首先从信息技术变化对环境造成的影响出发，体现出信息战略对于企业适应环境变化是非常重要的，企业必须重视信息技术对竞争环境的影响和整体竞争环境的变化，

① 霍国庆．企业战略信息管理的理论模型［J］．南开管理评论，2002（1）：55-57.

重视包括信息获取、信息分析、信息应用等相关工作，才能更高瞻远瞩地对企业未来经营方向做出正确的判断。第 3 章从信息资源管理能力的演变过程角度，展示出 20 世纪以来企业信息能力水平的不断提升，信息能力如同一个企业的基本功，只有基本功打牢，企业才能够更容易地去挖掘和培养竞争优势。因此，信息战略需要为企业信息能力的打造做出规划，包括个人信息能力、组织信息能力和信息技术能力三个方面。第 4 章首先通过四种经营战略的对比，说明未来企业信息战略需要更关注外部价值链的构造和整体信息的集成，并在此基础上提出企业获取竞争优势的四个途径，即商业模式创新、挖掘蓝海、借势顺势和打造爆品。信息战略可以同时从这四个方面布局，为这四种获取竞争优势的方式提供信息和情报的支持。从第 5 章开始到第 10 章主要介绍竞争情报的具体工作内容。信息战略实施主要包括竞争情报和知识管理两个方面，其中知识管理主内、竞争情报主外，竞争情报工作需要与知识管理工作之间有着良好的协调与统一，才能确保信息战略目标的实现。主外的竞争情报工作是本书关注的重点。在第 5 章，通过一些具体案例阐述了竞争情报的基本概念、工作内容和工作流程。竞争情报工作主要包括情报规划、情报采集、情报处理、情报分析和情报传播应用五个环节。第 6~10 章分别介绍了这五个环节的工作内容和主要方法。此外，第 10 章还简单介绍了竞争情报系统和反竞争情报的相关概念。

随着现代信息技术的不断发展，企业信息战略的思维方式也需要更为开放，好的信息战略应当从四个方面着手。一是知识的积累。对企业来说，知识的积累是知识创新的基础，企业一方面需要对内部知识进行有效管理，另一方面需要结合竞争情报工作获取外部知识，加以学习利用。知识积累的优势在于将内外部知识进行再次沉淀，成为本企业的一大竞争优势，它不仅提升了企业应用知识的能力，而且这些知识不会随着员工的流动而消逝，并会随着企业的发展而不断增长。二是情报的获取。情报获取能力在不同企业间的差异非常大。企业需要着重培养自身的情报获取能力。很多企业对情报获取的重视度不高，总认为只要把自己的产品做好就行，但当自己产品面市时才发现与竞争对手产品无法抗衡就太晚了。企业只有具备良好的情报获取能力，才能够与时俱进，审时度势地调整自身的战略目标。三是综合分析能力。知识和情报相结合的最终目标是通过综合分析，发现事态发展的端倪，利用外部环境中的机会和内部存在的潜在优势。因此，企业不能将分析能力分散在不同部门，而是需要通过战略分析，将不同的知识、信息、情报相整合，形成综合分析能力。四是资源综合利用能力。任何企业的资源都是有限的，企业不仅需要对内部资源有充分的认识，还需要不断发现外部资源，综合利用资源来实现最终的战略目标。而信息战略的一个重要作用就是对资源及如何综合利用资源的相关信息进行收集、整理和预警。可见，竞争情报只是企业信息战略的重要工作内容之一，企业需要将竞争情报工作与其他企业管理工作协调统一才能取得预期的效果。笔者期望读者通过此书了解到信息战略和竞争情报对企业的作用及相互关系，理解它们的概念和基本工作内容，在企业实际管理中重视信息战略的规划和竞争情报工作。

目　录

❶ 信息与情报

信息这个词大家都不陌生，但与之密切相关联的词汇，如数据、情报、知识、智慧等与其有什么差异和联系呢？这里首先采用一个投掷硬币的实例来阐述清楚它们之间的价值逻辑关系。

相信很多人在遇到难以决策的问题时，可能会万般无奈地用类似于掷硬币或掷骰子的方式来听从天命，但从理性的角度分析，这种方法的可靠性是能够用概率来衡量的。现在假设你在一家小赌场，赌的内容就是掷出的硬币是正面还是反面。这时候你会怎么抉择呢？

如果你比较谨慎，相信你会先作为旁观者观察一番，再做决定。假设赌场规定参与这一猜赌游戏的人，如果猜正面朝上，正确则可以获得 8 元钱奖励，错了就需要拿出 5 元游戏费给庄家。经过你的观察，发现投 100 次硬币，居然有 70 次是反面朝上的，只有 30 次正面朝上，你会下赌注选取正面朝上吗？

如果你学过概率知识，思考过程可能会如图 1-1 所示，你一定会理智地选择不下此赌注，因为它的期望值是负的。

在图 1-1 中展示了三个重要的概念，即数据、信息和知识。当我们对每一次投掷硬币的结果做记录，用 H 表示正面（Head）朝上，用 T 表示反面（Tail）朝上，我们得到的一张记录表就是最初的数据。我们通过计数的方法统计出在 100 次投掷过程中，30 次朝上，70 次朝下，这个被加工后得到的数据有了一定的价值。再利用概率知识计算，发现这个赌场的硬币有些问题，不是我们平时所想的正反各 1/2 的概率，而是 30%的概率朝上，70%的概率朝下，这时得到的数据就更有价值了。若你会计算期望值，可以进一步利用期望公式算出，若猜“正面朝上”，你的期望值是赔 1.1 元，也就是赔的概率大，而不是赚。此时，这个数据的价值就更高了，因为它能直接指导你的行动。当然如果你非要去猜正面朝上，想小概率情况下赚大钱，那就另当别论，这种不理智的行为不属于科学决策的研究范畴。

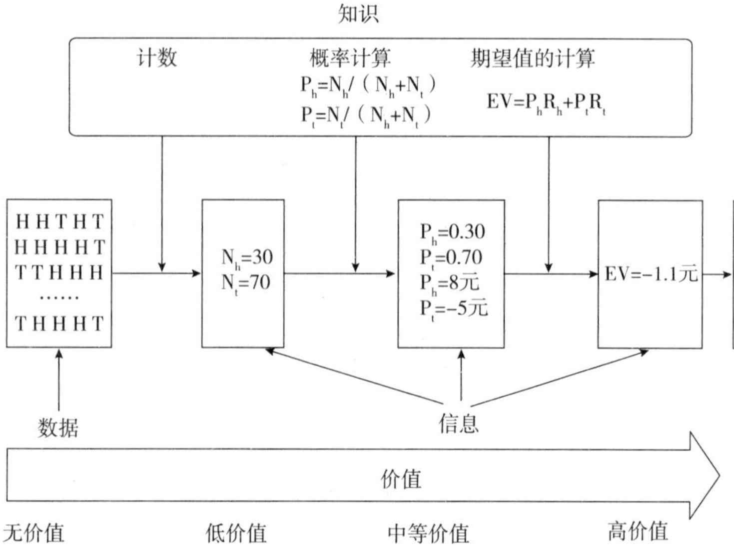

图 1-1　掷硬币游戏中的选择思路

在这个例子中，数据被一步一步处理成价值更高的数据，我们把这种被加工后有价值的数据叫作信息，而最终能够应用于决策的信息称为情报。在对每次数据进行加工得到更有价值的信息时，我们需要用到一定的知识，如统计计数的方法、概率计算方法、期望值计算公式等，这些都是知识。那么，知识和情报是不是信息呢？

答案是肯定的，在最初出现时，它们都是以信息形式存在，但能够反复出现的现象，会被人们归纳总结为一定的规律，并以一定的形式表述出来，就形成了可以传承的知识。而具有时效性、对抗性和具体针对性的信息就形成了情报。

可见，数据包含信息，信息包含知识和情报，也正是因为这个原因，在很多时候人们非常容易混淆这些概念，但它们在本质上存在着很大的差异。学术界普遍接受的共识是信息来源于数据，是加工过的有价值的数据；知识来源于信息，是规律化的信息；情报是针对具体事件的对决策有指导意义的信息。

除此之外，在我们的生活中，还常会用到“智慧”一词，它是什么含义呢？在刚才的例子中，我们是运用知识对数据进行处理，最终形成理智的决策指导行动，这就有智慧在发挥作用。因此，智慧实质是灵活运用知识的能力，并能够通过知识的灵活运用，判断和掌控未来事态的发展。对知识的运用需要对知识具有很强的参透力、领悟力，以及对知识进行变通和再运用的创新力，因此智慧相对于知识对人有着更高的要求。

说到投掷硬币，想起陪孩子听“凯叔讲历史”中的一个故事。在北宋有一名将，叫狄青，堪称宋仁宗身边的武曲星。公元1040年，西夏战神皇帝李元昊举兵攻打北宋，宋军闻之色变，一想到西夏士兵个个凶猛强悍，宋军将士个个垂头丧气、毫无信心。狄青见状也是心急如焚，他知道当时的人都迷信天命，于是就想通过投掷钱币这一招来振奋士气。一日傍晚，天气阴沉，乌云滚滚，眼见大雨将至。狄青带着一大群士兵来到宁夏泾源外的一个破庙里，这些士兵将庙里庙外围得水泄不通，个个屏息凝神，满脸好奇地看着。只见狄青摇着叮当作响的一个布袋走向门口，抬头望着乌云密布的苍天，大声喊道：“皇天在上，神灵保佑，若是此战可胜，今日，就请让这一百枚铜钱，皆以正面朝天！”宋朝的铜钱，上面印着“通宝”二字，是正面，另一面刻着花纹，是背面。只见，狄青猛地回身一抛，上百枚铜钱立刻从布袋中飞洒而出，“叮叮当当”，破庙的地板上，顿时撒满了铜钱。众人一拥而上，查看落地的铜钱，个个正面朝上，显示出“通宝”二字。狄青见众将士啧啧称奇，不由得高声喊道：“天佑大宋，此战必胜！”将士们也都跟随着喊道：“天佑大宋，此战必胜！”狄青知道，这场仗可以打了。果然，战争中受到“百钱”鼓舞的宋兵就像是神兵附体，越战越勇，时间不长，素来骁勇善战的西夏兵就被打得节节败退，仓皇撤离了泾源。

狄青的心理战术对我们懂概率的人是起不了作用的，一定会怀疑到硬币本身存在问题。但在当时他却能运用对士兵心理的把握和自己的知识影响他们的行为，自然是智慧之举。再比如赤壁之战中，诸葛亮真能借来东风吗？只不过是对天象和气象学知识的运用罢了。可见，智者与普通人的区别在知识运用能力上。这种能力如何提升呢？显然，知识积累得越多，知识把握得越好，理解得越深，运用知识的能力就越强，智慧也会越高。今天的任何一个人，乘坐时光穿梭机回到远古时代都一定是那时候最智慧的人，原因就在于我们现代人比他们积累的知识多得多。

在初步理解数据、信息、情报、知识和智慧五个词之间的关系后，下面将具体阐述它们的含义。

1.1 数据、信息与知识

1.1.1 数据的定义

《现代汉语词典》中对“数据”一词的解释一是“科学实验、检验、统计等所获得的和用于科学研究、技术设计、查证、决策等的数值”；二是“经由调查或实验得到，而尚未经过有效处理的数值”。可见，数据是人们对客观事实进行观察而记录的结果，是用于表示客观事物的未经加工的原始素材，是可以加以鉴别的各种符号。由于信息技术的不断发展，人们对事物记录的方式也变得越来越丰富，使数据有着多种多样的呈现形式。因此，数据的具体形式和含义具有动态性。

1.1.2 信息的定义

信息从字面含义上可以泛指人类社会传播的一切内容，包括各种音讯、消息、各类系统传输和处理的对象。但信息是有意义的，这是它与数据最大的区别，我们直观看到或听到的文字、图形、图像、景象、声音、影视、动画等都是数据，而它们承载的内容，或者说能够被人们理解和捕获的内容才是信息。这体现出信息的抽象性，它是人们看不见、摸不着的，我们能感受到的是信息的载体数据。世界是由物质组成的，物质是运动变化的。客观变化的事物不断地呈现出各种不同的信息，使信息无处不在、无时不有。人们一方面通过获得、识别自然界和社会的不同信息来区别不同事物，来认识世界；另一方面通过对获得的数据和信息进行加工处理，得到新的信息并加以利用，来改造世界。

信息论的创始人申农认为，信息是用以消除不确定性的东西。《辞海》中对信息的解释是“收信者接收到的事先不知道的报导”。计算机领域认为信息是加工过的数据。可见，信息具有价值性、时效性和可再加工性。信息的这三个特性使信息成为信息社会重要的资源。通常，不同的信息其价值是不一样的，但同样的信息对不同的人，价值也是不一样的。由于信息的价值受到时间和空间的影响，获取及时有效的信息已成为当今组织竞争的重要手段之一。

1.1.3 知识的定义

提起知识，人们联想最多的是科学知识，包括源自学术研究机构的知识。但实际上知识的范围很广，知识的积累从几千年前知识产生之时就是人类发展的基础，今天，它对于公司、组织甚至国家经济竞争力的重要性已得到广泛认同。那么什么是知识呢？

根据《韦氏词典》1997年的定义，知识是通过实践、研究、联系或调查获得的关于事物的事实和状态的认识，是对科学、艺术或技术的理解，是人类获得的关于真理和原理的认识的总和。即知识是人类积累的关于自然和社会的认识和经验的总和。

经济合作与发展组织（OECD）为了有利于经济分析，将知识按内容分为如下四种：关于"知道是什么"的知识，记载事实的数据；关于"知道为什么"的知识，记载自然和社会的原理与规律方面的理论；关于"知道怎样做"的知识，指某类工作的实际技巧和经验；关于"知道是谁"的知识，指谁知道是什么、谁知道为什么和谁知道怎么做的信息。

Maryam 和 Dorothy（2001）总结了前人对知识理解的六种不同观点①：一是数据与信息的观点，认为数据是基础事实和原始数据，数据经过处理、赋予意义后成为信息，信息被人理解和利用、人格化后成为知识。二是思维状态的观点，知识是人对事物的知道和理解。三是对象的观点，知识是能够存储和操纵处理的对象。四是过程的观点，知识是专家意见、技能得以应用的过程。五是信息访问的观点，认为知识是能够获取、访问信息的条件。六是能力的观点，认为知识是影响行动的潜能。

达文波特和普鲁萨克（Davenport and Prusak，1998）很好地抓住了知识最有价值、最难管理的特征，把知识定义为结构化的经验、价值、语境信息、专家见解和直觉的非固定混合体，认为知识为评估和利用新经验与信息提供了环境和框架。知识源于知者的头脑，并为之应用。在组织中，知识不仅常常内嵌在文件或存储库中，而且还存在于日常活动、流程和规范中。

知识是智能决策、预测、设计、规划、诊断、分析、评估和直觉判断的关键资源。它形成于个人和集体的头脑，并为之共享。数据库是无法直接产生知

---

① Maryam Alavi, Dorothy E. Leidner. Review: Knowledge Management and Knowledge Management Systems: Conceptual Foundations and Research Issues, MIS Quarterly, 2001, 25 (1).

识的，只有将数据、信息与随着时间推移产生的经验和教训相结合，才能产生知识。而过去的经验又能够显性化，成为企业的知识存量。因此，知识总是以两种方式存在，并不断转化升华，即已经存在并被认同的知识可以通过文字方式存储而显性存在；人们通过学习，对知识理解吸收，形成自己的观点，并使这些知识在大脑中隐性存在。隐性存在的知识成为利用数据、信息指导人们行动的能力，并通过实践再次产生新的可以显性化的知识。在这个过程中，知识的价值体现在利用数据和信息指导行动。因此本书认为，知识最终体现为一种能力，这种能力能够让人们产生有效的行动，即为组织创造价值的行动。

1.1.4 数据、信息与知识的理解

既然信息是数据载体中呈现出的有价值的内容，那么知识与信息存在什么区别呢？前面在引例中已经讲到了三者的区别，下面再通过一些实例来进一步厘清知识与数据和信息的差异。

尽管信息和知识这两个词有时候可以互换使用，但依然存在本质上的区别。目前对知识比较简单的定义是规律化的信息。它需要满足被验证的、正确的、被人们相信的三个条件，通常反映事物之间的关联或特定领域的一些相关概念。知识与信息类似，同样具有抽象性、价值性、共享性和可再加工性。但与信息不同的是，知识并不随着时间的推移而消逝，也不会随着地理空间的变化而变化，其价值具有一定的永久性，因此具有规律性或共识性的知识是可以传承的。可见，知识比信息具有更高的价值性，可以指导人们处理数据获取信息，可以构建模型对信息进行再加工得到更有价值的信息，可以帮助人们利用信息识别事物的发展趋势，并做出行动决策。

通过一些具体的例子我们可以更容易体会到知识与数据和信息的区别。首先让我们来看表 1-1。

表 1-1　企业员工情况

员工编号	姓名	性别	籍贯	年龄	身高（厘米）	体重（千克）	学历	职务
1101	胡一	女	湖北	24	165	45	本科	职员
1102	冯二	男	河北	28	180	80	本科	职员
1103	张三	女	安徽	30	158	60	硕士	总经理

续表

员工编号	姓名	性别	籍贯	年龄	身高（厘米）	体重（千克）	学历	职务
1104	李四	男	广东	33	173	61	本科	职员
1105	王五	女	湖北	29	160	45	本科	经理助理
1106	刘六	男	河南	35	175	74	硕士	副总经理
1107	赵七	女	河南	33	155	50	本科	职员
1108	周八	男	河北	27	170	65	本科	职员
1109	苏九	女	辽宁	30	170	60	本科	职员
1110	陈十	男	辽宁	32	178	70	本科	经理助理

表 1-1 是杜撰的一张某企业的员工情况表，该表中的每一个单元格中显示的文字或数字都属于数据，从单一的数据来看是难以获得有价值的内容的。但当我们掌握了有关表的知识，即表的构成原理，理解表的每列之间的关系，知道一行为一个人的信息时，就可以发现有意义的信息，知道表中每个人的性别、籍贯、年龄、身高、体重、学历、职务等。在需要的情况下，我们可以进一步利用统计知识，对表中的信息进行加工，找到不同性别的员工群体、不同地域的员工群体、不同学历的员工群体等。此外，我们还可以利用感知性知识，通过一个人的身高和体重判断这个人的体形是魁梧、壮实，还是苗条。

再举一个例子，如图 1-2 所示，在一个采油区，把采出来的油装入大型油罐中储存。罐区管理员的工作职责是在一个油罐的油装满后把输油管切换到一个新的空油罐。已知每个油罐高度为 40 米，油目前是匀速地通过输油管输送到油罐中，当油罐装了 15 米高的油时，开始测度输油速度，发现过了一个小时，油罐中所装油的高度为 30 米。这时，罐区管理员需要等多久后切换油罐？

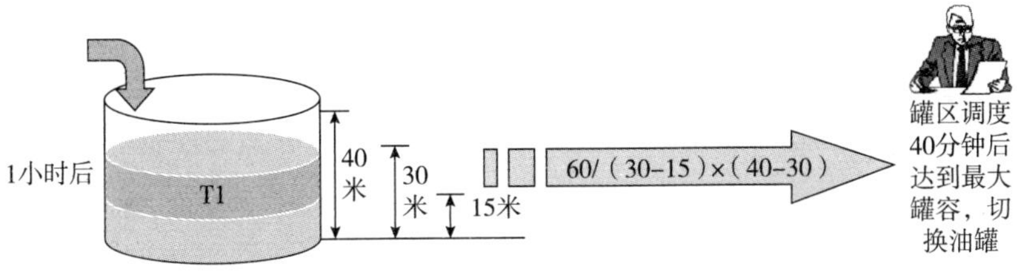

图 1-2　何时切换储油罐

在图 1-1 中用数字标出来的地方都是数据，数据的含义是信息，当我们需要对数据和信息进行加工得出指导人行为的决策时需要运用数学知识，首先算出油罐中油高出一米需要的时间，再计算剩余 10 米高的油罐装满需要 40 分钟，于是罐区管理员将在 40 分钟后切换油罐。上面两个例子中我们均用到了知识，包括数据库、统计和数学等方面的知识。我们可以感受到，知识和信息的区别在它可以被反复应用。但这些知识来自哪里呢？它是人们在对事物的观察中得出的共识性信息和有规律的信息，这些信息是以公认的表达方式对某一事物或在相同条件下反复出现的规律进行描述，形成知识传承下来。因此，知识是规律化的信息，这种规律可以被再次地、不断地利用来帮助人们处理数据和信息，感知和判断事物的状态，产生更有效的信息来辅助人们进行行为决策。信息是指加工以后的，能够对人们的活动产生影响的数据。因此，信息来源于数据，知识来源于信息。

1.2 情报

1.2.1 情报的定义

关于情报的概念，有多种定义的方法。有学者用拆字的方法，将“情报”两字拆开，解释为“有情有报告就是情报”；也有学者从情报搜集的手段来给其下定义，认为情报是通过秘密手段搜集来的关于自身和竞争对手的政治、经济、科技、社会等方面的信息；还有学者从情报处理的流程来给其下定义，认为情报是被传递、整理、分析后的信息。

情报的定义是情报学中一个最基本的概念，它是构建情报学理论体系的基石，是情报学科建设的基础，对情报工作产生直接的影响。情报究竟是什么？时至今日，国内外对情报的定义仍然众说纷纭。据学者统计，如今国内外对情报的定义数以百计，不同的情报观对情报有不同的定义，其中主要有三种情报观：一是军事情报观，认为情报是“以侦察的手段或其他方式获取有关对方的机密情况”。二是信息情报观，认为情报是“被人们所利用的信息”“被人们感受并可交流的信息”“含有最新知识的信息”“某一特定对象所需要的信息”等。三是知识情报观，认为“情报是运动着的知识，且这种知识是使用者在得到之前不知道的”。

除此之外，还有从其他不同的社会功能、不同角度、不同层面对情报做出的定义，但在普遍意义上能被多数学者认同和接受的情报定义是：情报是为实现某种特定目的，在一定时限内，有意识地对有关的事实、数据、信息、知识等要素进行搜集、加工、处理的产物，是对行动决策起到直接支撑作用的高价值信息。目的性、时效性、意识性、对抗性和劳动加工性是情报最基本的属性，它们相互联系、缺一不可，情报的其他特性都是这些基本属性的衍生物。

1.2.2　情报与信息、知识的关系

知识和情报均具有很高的价值，但很难说两者谁的价值更高，因为两者存在不同之处，情报具有对抗性和时效性，而知识具有规律性和长久性。情报不一定需要具有规律性，但肯定有针对性，往往是针对具体的竞争对手或竞争环境，对具体情况展开的搜集和分析工作。但是情报的产生是离不开知识的，拥有知识才知道如何去加工数据与信息，最终获取到情报。

但情报的价值一定是高于数据和信息的。下面举一个简单的例子，譬如你是一家衬衫生产商，雅戈尔衬衫是你的重要竞争对手。若你们最近获取到消息，雅戈尔衬衫将降价 10%进行销售。这个时候你会做哪些思考呢？

你可能马上会想到自己也得赶紧降价，但这是盲目的，竞争情报人员拿到任何消息后得需要冷静地分析，再做出行动决策。我们可以把自己的生产销售及定价情况和竞争对手的做详细对比分析，进一步得到消息“雅戈尔衬衫降价后，将比我们同档次衬衫价格便宜 8%”，到这一步感觉到信息更明确了，但仍没有上升到行动层面。

进一步分析得到如下结论：“雅戈尔衬衫降价后，如果我们的衬衫不降价 7%，那么雅戈尔衬衫的市场占有率将增加 3%，从而超过我们的市场占有率。”到这一步我们就有了行动的方向，这一信息就上升到了情报的层面。其价值升值过程如下所示：

第一层面：

数据：雅戈尔衬衫降价了 10%。

（知道需要采取措施，但方向和力度不确定）

第二层面：

信息：雅戈尔衬衫降价后，同档次的衬衫将比我们的便宜 8%。

（虽然有了一定的方向，但力度不确定）

第三层面：

情报：雅戈尔衬衫降价后，如果我们的价格不降低 7%，那么雅戈尔的市场占有率将增加 3%，从而超过我们的市场占有率。

（有了明确的行动指南，可以做出行动决策）

从上面的例子可以看出，情报不是直接得到的一个关于竞争对手的消息，而是需要经过一定的分析加工，最终能够指导行动的，具有高价值的信息，知识在竞争情报的形成过程中起到了至关重要的作用。它们之间的关系可以用图 1-3 来描述。

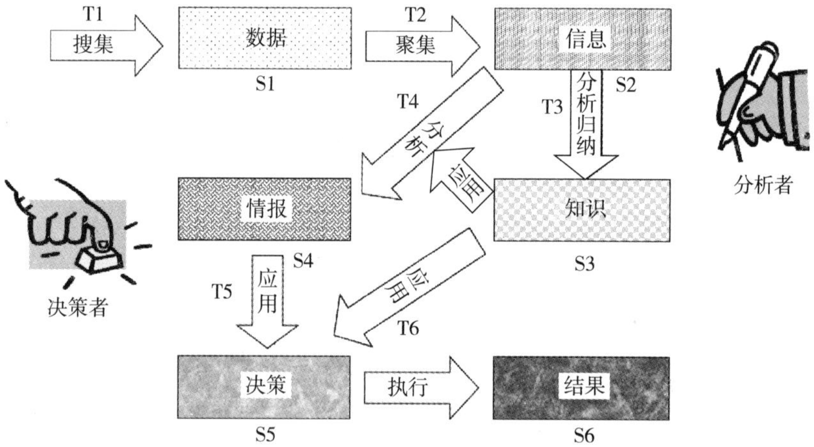

图 1-3　情报与数据、信息、知识的关系

图 1-3 中 T 代表行动，S 代表着不同阶段。经过搜集获取到的原始数据，在整序、组合等初步处理下，厘清数据与数据之间的关系，得到信息。信息中归纳总结出具有一定规律性的内容，可以初步被人们感知形成隐性知识，并在经过反复思考成熟化后，利用抽象或直观方式表达出来，形成可编纂传承的显性知识。信息在分析者所具有的知识的作用下可进一步分析加工出有问题针对性的情报，情报结合决策者所具备的知识可做出行动决策，并最终得到执行。以上过程是可周而反复的，因为行动结果可以再次形成数据，结合相关性的事件变成信息，被人们思考、学习生成知识。知识可再应用于新的情报的产生和决策方案的形成。这一循环过程体现出情报和知识的一大区别，即知识是规律化的信息，时效性并不重要，但情报最重要的是时效性，过时的情报是没有意义的。

1.2.3 情报的价值

早在军事领域，情报就受到广泛重视，但情报的价值到底有多大却很少有人估量。日俄战争期间，被称为情报天才的日本主帅明石元二郎曾向最高统帅部申请 100 万日元作为间谍活动费用，当时的日元是很值钱的。最高统帅部觉得十分荒唐，整个战争预算才 4000 万日元，凭什么用这么多钱来做情报工作。明石元二郎给日军最高统帅部做了一道简单的算术题，后来，最高统帅部爽快地就把这笔钱给他了，还加了一句“先给这么多，不够到时候再说”。这个算术题是这样做的，明石元二郎指出，战争前期，每天的开支是 40 万日元，战争打到后期，每天的开支将达到 190 万日元，如果用间谍获得的情报能让战争早结束一天，情报支出就划得来，这就是情报天才的情报价值意识。

兰德公司是美国最重要的以军事为主的综合性战略研究机构。朝鲜战争之前，它集合了世界上 50 多位顶尖的战略学家，综合研究美国、中国、朝鲜和苏联的有关情报，整理出一份 600 页的报告，卖给美国军方，开价 500 万美元。美国军方很生气，一份 600 页的报告就要 500 万美元，一页纸就接近 9000 美元，不要。后来，战争开始，结局是中国参战，美国打得焦头烂额。这个时候，美国军方想起开价 500 万美元的报告，应该多少有点价值，就又找到兰德公司商谈价格，最后用 280 万美元成交了。报告一揭秘，让美国舆论哗然，因为这份报告的核心结论是如果美国出兵，中国一定会参战，战争的结局将以美国的全面失败而告终，麦克阿瑟将军顶着巨大的压力，讲了一句非常经典的话：“我们最大的失策，是怀疑咨询公司的价值，舍不得为一条科学的结论付出一架战斗机的代价，结果是我们在朝鲜战争上付出了 830 亿美元和十多万士兵的生命。”这句话体现出情报是多么重要。我国古代即使是军事名家，身边也需要有多个谋士的辅佐，原因就是获取更多的情报，对问题有更全面的把握，才能做出正确的决策。

在上面的例子中可以看出，情报的价值并不一定是让你能够在竞争中获胜，也可能是让你避免损失或减少损失。《孙子兵法》提出的“知己知彼，百战不殆”，也并不是说当你获得情报，了解竞争对手和自己的情况后就一定胜利，而是降低了失败的风险，达到求胜防败的目的。当了解到竞争对手特别强大，实力非常强，自己肯定抵挡不过竞争对手时，完全可以采取躲避、退让、妥协的方式，避开直接性的竞争。譬如，在我国解放战争时期之所以用地道战对付敌人，原因在于在没有强大武器支撑的情况下，直接对抗是死路一条，只有巧妙采用地道战，既要保存自己，又要消灭敌人，才能逐步取得胜利。毛泽东在阐述这种思想后，指导群众将地道一次次改造，开始只能躲，后来不仅能躲，还能进攻，地道就变得越来越有作战意义了。在商业战略中，蓝海战略也同样有着躲避红海激励竞争的思想，与强大的竞争对手形成不一样的产品，另辟蹊径获取利润。可见，知己知彼只能是百战没有危险，并不是说百战百胜，情报的意义也并非一定带来收益，也可能是避免或减少损失。

情报要产生价值，需要满足三大要求：

第一，先知，即在事物发生之前，且先于竞争对手获取信息。情报的时效性是非常重要的，这就如同两个玩扑克牌的人，如果一个人能动用情报人员了解到对手手中的牌，那他肯定更容易赢，因为他在对手出牌之前就已经能够全盘掌握他的出牌可能性。若做不到先知，情报就基本上失去了它的意义，也就没有了价值。竞争情报中强调“知”这个字，这个字可以是动词也可以是名词。名词就是知识，英文叫作 knowledge。无知就是缺乏知识，此时你选择的行动就是盲动。作为动词，知就是获得知识的过程，是获取知识的动作和步骤，是求知的方法。这里的知不能仅限于知道或者听说过，而应该更深入到理解。英文中就是不仅要达到 know，还需要做到 understand。所以，先知是先于竞争对手在事物发生前对问题有较为全面和准确的把握。

第二，获取的信息要有效，且比对手获得的信息更全面。在对抗的环境下，情报越充分决策越正确。在孙膑与庞涓之间的一场著名战役——马陵之战中，两者都在刺探情报，但是孙膑用行军灶制造了迷惑性情报，使庞涓分析得出的“齐军已经逃走大半”的情报是错误的，于是做出了快速追击的错误决策。在这里，庞涓知道孙膑用行军灶，孙膑知道庞涓知道他用行军灶，庞涓不知道孙膑知道他知道孙膑用行军灶，同时，庞涓没有考虑地形，而孙膑早就熟悉地形，所以孙膑赢了，赢在情报信息更全面上。其实不管打仗还是各种较量，最重要的是你要全面了解你的对手，当你知道你的对手想什么的时候，你就可以想出比对手更好的办法。

第三，获取信息之后，要采取行动。仅掌握情报而不采取行动，情报就失去了意义。古人说，知而不行，等于不知。毛泽东在《中国革命的战略问题》一书中讲过这样一段话：“中国古代大军事家孙武子书上‘知己知彼，百战不殆’这句话，是包括学习和使用两个阶段说的，包括从认识实际中的发展规律，并按照这些规律去决定自己的行动克服当前的敌人而说的，我们不要看轻这句话。”这段话其实就是说我们必须投身实践，了解实践，从实践中总结出规律，然后根据总结出的规律，制定新的对策，来解决当前问题。毛泽东把这句话进一步简化为“从群众中来，到群众中去”。管理学家彼得·德鲁克讲过这样一句话：“管理不在于知，而在于行。”通用电气的前任总裁杰克·韦尔奇2002年来中国演讲，在上海讲了一个半小时，主题是“如何造就伟大企业”。在整个演讲过程中，他讲了三个方法：第一，要以人为本；第二，要将好员工和差员工区别开来，好员工好待遇，差员工差待遇；第三，要不断优化工作流程，执行方法没有最好，只有更好。翻来覆去，就这三点。后来一个企业家提问说：“韦尔奇先生，其实你今天讲的这些东西我们都知道，但为什么你们通用电气这样做能取得巨大的成功，而我们却不能呢？”韦尔奇听了后微微一笑，耸了一下肩膀，摆了一下手，说：“因为你们只是知道，而我们通用电气是做到。”可见，知行合一是多么重要。

综上，情报的价值在于先知，而先知不仅需要获取信息，还要学习，思考，实践，总结规律，付诸行动。情报与知识是不一样的，知识是长期有效的，它的价值不会随着时间流逝而消失，但情报不同，情报具有时间的紧迫性，事后情报没有任何意义。当然这两者也是相辅相成的，拥有知识方能运用情报，拥有情报方能发挥知识的作用。两者的结合才能做出智慧的判断。

1.3 智慧与信息价值链

人们常用“智慧”一词来形容“智者”，其实“智者”的共性就是具有前瞻性，能够看到普通人看不到的未来。在《三国演义》中，诸葛亮被神化为智慧的象征，这也是因为诸葛亮确实具有过人之处。公元201年，刘备被曹操攻打，穷途末路，迷茫困惑之时，三顾茅庐，拜访诸葛亮，这位被人比作管仲、乐毅，身怀治国安邦、经天纬地之志的奇才。而诸葛亮，在见面后就为其分析了曹操、孙权之势，提出三分天下的格局，后也的确辅佐刘备建立蜀汉政权，形成三国鼎立之势。而当时的诸葛亮年仅26岁，深居山中草庐，却对天下大事了然于胸，并且经过自己的谋划，能够准确预测历史的进程和阶段性结果，的确值得后人称其为智慧的化身。那到底什么是智慧呢？

1.3.1 智慧

百度百科中认为，智慧是生物所具有的基于神经器官的一种高级的综合能力，包含感知、知识、记忆、理解、联想、情感、逻辑、辨别、计算、分析、判断、文化、中庸、包容、决定等多种能力。智慧让人可以深刻地理解人、事、物、社会、宇宙、现状、过去、将来，拥有思考、分析、探求真理的能力。与智力不同，智慧表示智力器官的终极功能，与“形而上谓之道”有异曲同工之处，智力是“形而下谓之器”。智慧使我们做出导致成功的决策，有智慧的人称为智者。

智慧是由智力系统、知识系统、方法与技能系统、非智力系统、观念与思想系统、审美与评价系统等多个子系统构成的复杂体系孕育出的能力，包括遗传智慧与获得智慧、生理机能与心理机能、直观与思维、意向与认识、情感与理性、道德与美感、智力与非智力、显意识与潜意识、已具有的智慧与智慧潜能等众多要素。

在本章之初提到，智慧实质是人灵活运用知识的能力，通过对知识、信息、情报等的领悟力，形成内在价值观与信仰，形成对事物发展的前瞻性看法。一个人要想拥有智慧，就必须不断积累知识，并勤于思考，强化知识的运用。

1.3.2 信息价值链

从以上分析可以发现，信息的价值高于数据，知识的价值又远高于信息。情报是价值高于信息又不同于知识的一类信息，由于它的时效性和对抗性，使其对决策具有直接的支撑效应，因此在特定时间内，它的价值非常高，甚至高于知识。一个人综合运用知识，分析情报的能力体现出这个人的智慧，拥有智慧的人更具前瞻性。由于数据、信息、知识、情报和智慧的价值是不断上升的，因此可以用纵向信息价值链来描述它们的关系，如图 1-4 所示。

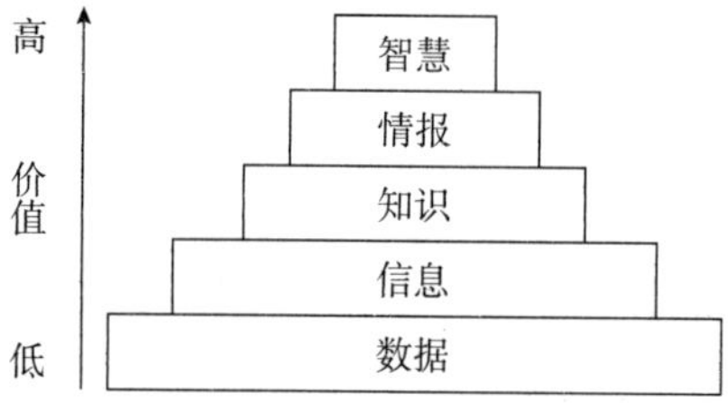

图 1-4 纵向信息价值链

在图 1-4 中，数据是离散、互不关联的客观事实，孤立的文字、数据和符号，缺乏关联和目的性。信息是人们对数据进行系统组织、整理和分析，使其产生相关性，但没有与特定用户行动相关联的内容，信息是可以被数字化的。知识是与行动和决策密切相关，具有普适性和规律性的内容，包括各类常识、原理及自身领悟出的道理。情报是应用知识分析出的具有对抗性、对行动决策起到直接支撑作用的高价值信息。知识和情报的价值谁高谁低很难得出结论，也是一个有争议的话题。从长远来看，知识价值更高，但在一定时间内，情报具有独特的价值和意义。智慧浓缩了以往的知识和经验，表现出人对事物和事物发展趋势的洞察力和前瞻性，但智慧离不开情报，缺乏足够的情报也难以做出正确的判断，因此智者往往是对情报、事态发展趋势非常敏感的人。智慧得益于对情报的洞察力、直觉和长期经验，同时也得益于人的价值观和信仰①。为了具有更高的智慧，人们不仅需要对知识进行有效的管理，还需要不断获取情报，进行分析判断，提出前瞻性的行动建议。

---

① 李华伟，董小英，左美云．知识管理的理论与实践［M］．北京：华艺出版社，2002.

❷ 竞争环境与信息战略

2.1 信息技术革命与信息环境的演变

广义上来讲，人类自古至今经历了六次信息技术革命，并正在经历着第七次信息技术革命，这些变革不断改变着人们信息分享、传播和交互的方式。伴随着一次次的信息技术革命，数据的概念和形式被不断地丰富、扩充和演变；人们对信息的获取、处理和利用效率也越来越高。其中，前三次信息技术革命很容易被人们忽视，但它们对人类信息传承和文明的发展起到关键性的作用。本书将对这些信息技术革命做一阐述，来体现信息环境的演变过程。

第一次信息技术革命是语言的产生和使用，发生在距今 35000 ~ 50000 年前。语言是人类进行思想交流和信息传播的首要工具，也是人类区别于其他动物的本质特征之一。《人类简史》一书中说到，语言对人类的发展产生了巨大的作用。人最初与动物一样，甚至还比较弱小，但人有思维，尤其经过优胜劣汰存活下来的人具有更强的思维能力，因此可以称之为智人。智人刚开始是比较弱小的，并不能灭掉像狮子、老虎一样的猛兽，主要靠捕食一些小动物、摘一些果子充饥。他们最初对石器的使用只是为了击碎野兽们吃剩下的骨头。真正让人强大起来的是语言，智人的语言比其他动物的语言复杂很多。尽管动物也有语言，比如猴子看到狮子来了，可以告诉同伴，看到有新鲜玩意儿，也能告诉同伴，但再复杂一些就难了。什么是复杂的语言呢？譬如，人可以说出今天上午河的右岸有狮子出现，在那里喝水，甚至可以推断明天这个时候可能也会有狮子在那里喝水。这个语言表达了现在没有发生的现象。慢慢地，语言可以让人们交流并想象没有发生的、过去的、未来的或者虚拟的事。这对动物来说是不可能达到的。在《人类简史》看来，语言最重要的是让人们产生了认知革命。在猴子不可能把一根香蕉留到第二天的情况下，人却已经能够为下一辈人的美好生活牺牲现在的生命。同时，人们开始能够对他人做出评价和议论，于是部落首领被选举出来，部落的信仰和图腾也被设计出来，社会集群活动开展起来，从此人能够对未来行动进行计划，相互协作，使他们的能力远远胜于其他物种。而人类很多缺乏文字记载的历史也被传奇故事或神话故事传颂下来。

第二次信息技术革命是文字的出现和使用，发生在公元前 14 世纪的铁器时代。文字的出现使人类对信息的保存和传播取得了重大突破，信息的传播可以一定程度上超越时间和地域的局限，形成了最初的信息存储技术。

第三次信息技术革命是造纸术和印刷术的发明和使用。我国大约在 1040 年开始使用活字印刷技术，欧洲人于 1451 年开始使用印刷技术。印刷技术的产生使书籍、报刊成为重要的信息存储和传播的媒体。信息的记录、存储、传递和使用因此扩大到更广阔的空间，产生了更为先进的信息获取、存储和传递技术。

第四次信息技术革命的标志是电信和无线电技术的应用，产生了电报、电话、广播等发明和相关业务的普及，使人类进入利用电磁波传播信息的时代。电磁电报的发明主要归功于英国科学家约翰·库克、惠斯通和美国科学家莫尔斯，他们几乎在同一时期制成了电磁电报机。1837 年，莫尔斯进一步研制了世界上第一台基于莫尔斯电码的有线电报机。该电报机利用电磁感应原理，使电磁体上连着的笔发生转动，从而在纸带上画出点、线符号。这些符号的适当组合（称为莫尔斯电码）可以表示全部字母，于是文字就可以经电线传送出去了。1844 年 5 月 24 日，人类历史上的第一份电报从美国国会大厦传送到了 40 英里外的巴尔的摩城。1861 年，林肯总统首次利用电报指挥战斗。1876 年 3 月 10 日，贝尔用自制的电话同他的助手通了话，标志着电话发明成功，1877 年，第一份用电话发出的新闻电讯稿被发送到波士顿《世界报》，电话开始为公众所采用。1878 年，贝尔电话公司正式成立。1895 年，俄国人波波夫和意大利人马可尼分别成功地进行了无线电通信实验。1906 年，美国的费森登和亚历山德逊在纽约附近设立了一个广播站，并进行了有史以来第一次广播，从此，无线电的商业价值开始受到重视，20 世纪 20 年代无线广播得到蓬勃发展。

第五次信息技术革命是电视的发展、应用和普及，它使图像的远距离传播和电子显示成为现实。19 世纪末，少数先驱者开始研究设计传送图像的技术。1904 年，英国人贝尔威尔和德国人柯隆发明了一次电传一张照片的电视技术。1923 年，俄裔美国科学家兹沃里金申请到光电显像管、电视发射器及电视接收器的专利，他首次采用全面性的“电子电视”发收系统，成为现代电视技术的先驱。1925年，经过长时间的艰苦奋斗和无数次失败之后，贝尔德终于用电信号将人的形象搬上了屏幕。1929年，英国广播公司允许贝尔德公司开展公共电视广播业务，之后，贝尔德公司又转向了彩色电视的研究。1955年，美国家庭电视拥有率达到72%，并逐渐在世界范围内得到普及，成为传播信息的重要途径。

第六次信息技术革命是电子计算机和互联网的应用和普及，它体现了计算机与现代通信技术的有机结合。1946年，美国宾夕法尼亚大学正式对外公开了世界上第一台电子计算机ENIAC。它使用了17468个真空电子管，耗电174千瓦，占地170平方米，重达30吨，每秒钟可进行5000次加法运算。随后，晶体管取代电子管，半导体工艺和集成电路取代晶体管，程序语言、结构化程序设计和面向对象程序设计思想的产生等，推动计算机技术日新月异地发展。互联网始于1969年，当时美国军方使用互联网的目的是能够提供一个通信网络，实现即使一些地点被核武器摧毁也能保证正常工作；到1980年，该网络开始向教育科研网转变；1989年，万维网得以开发利用；1994年，互联网开始进入商业领域，Yahoo、Netscape成立；1995年，Amazon在互联网卖出第一本书；1999年，Yahoo的市值超过美国钢铁公司；从此，全球进入互联网飞速发展期。互联网作为第六次信息革命把人类信息的传播做到了极致，自由、开放、共享的互联网精神也影响了整个人类社会的发展。

互联网的进一步发展和人工智能技术的开发与应用，使我们正在经历着第七次信息技术革命，“互联网+”和人工智能正在改变着我们今天的社会生活方式和经济文化活动，并对未来将产生巨大的影响。“互联网+”，也就是智能互联网，是由高速移动通信网络，大数据存储、挖掘和分析能力，以及智能感应能力共同形成的全新业务体系。传统互联网的根本力量是传播和交互，而“互联网+”是移动互联网、云计算、大数据、物联网等与现代制造业的结合，渗透到人们生活的方方面面。2016年3月，Google旗下的阿尔法狗以4：1的比分战胜了9段围棋高手李世石，不久后，阿尔法狗的升级版Master又横扫了中、日、韩顶尖职业高手，这些都标志着人工智能时代的开启。现在，一方面，人工智能代表的机器学习技术突飞猛进，另一方面，大数据及海量的计算能力不断增强，两者的结合也开启了我们对于一个新的智能时代的无限遐想。

一次次的信息技术革命为数据提供了新的形态，为信息提供了新的载体和传播方式。除了声音、文字、图像、视频、动画之外，还会有新的数据形态吗？答案是必然的。信息技术的不断发展一定能够处理越来越丰富的信息载体，如面部识别技术、指纹识别技术、虹膜识别技术、头颅数据等能够对人体不同部位进行识别。IBM 曾预测，未来人的喷嚏也许能够被识别来判断一个人身体的健康程度；婴儿的哭闹声可以被识别来判断哭闹的原因是饥饿、孤独、生病、不舒适还是其他。脑科学预测，未来能够识别每个人大脑是如何工作的，并通过人造大脑细胞和神经元修复帕金森等病人的脑疾病。

而在计算机和人工智能领域，大数据也区别于传统数据的概念，备受重视。所谓大数据，是数量巨大、结构复杂、类型众多的数据结构的数据集合，对未来政府和企业决策至关重要。大数据并非简单的大量数据，它需要满足四个特征：一是大量（Volume），即数据体量庞大；二是高速性（Velocity），即新数据产生的速度快，要求处理的速度也快；三是多样性（Diversity），即数据种类繁多；四是价值性（Value），即数据必须具有价值，由于大数据的前三个特性，数据整体的价值密度较低，因此，价值性必须建立在高速处理能力上。智能互联技术现已把人类带入大数据时代，每天在线产生的数据是巨大的，未来颠覆性技术的产生和应用也需要以大数据技术为基石，它也让人们对数据和信息有了新的认识。

从上述信息技术革命的发展历程来看，数据信息的形式、载体发生了巨大的变化，我们所处的信息环境日新月异。可以想象，如果一个人在公元 1000 年，也就是宋代的时候沉睡过去，500 年后醒过来，1500 年也就是明代，虽然周围环境变了，但生活方式变化并不大，还是可以种地，简单地交易、生活。但是，如果生活在公元 1500 年的人沉睡过去，到现在醒过来，也是经历了 500 年，他还能适应现在的生活吗？现在的电脑、汽车、互联网、微信，估计他完全适应不了。未来智能时代将会带来更大的变化，企业不得不重视它们引起的竞争环境的变化。

2.2 现代信息技术对企业的影响

随着机器学习算法的完善，人工智能的广泛应用，大数据海量计算能力的增强，企业越来越感知到新一代信息技术带来的冲击。未来我们必将进入一个全新的智能商业时代，在这样的一个时代，商业逻辑，企业的产品、市场、客户和面临的行业环境都会呈现出一些新的特征。

第一，传统的产品大多追求的是交易价值，对于企业而言，最重要的是把产品卖出去，然而在智能商业时代，产品使用可以成为新的价值创造和获取的开始，客户在持续使用产品或服务的同时，就会有数据的持续输出，这也就意味着针对每个客户，依赖数据分析，能够进一步预测新的需求和满足新的需求，基于数据分析产生的很多成果还能应用于不同的领域，因此，产品的价值不仅是使用价值，还有使用过程中新创造的价值。正如通用电气 CEO 杰夫 · 伊梅尔特所说的，一个飞机的引擎就是飞行的数据中心，每天发动机上的各种传感器会收集发动机在飞行时的各种数据，而机翼就成为了在这背后进行智能分析和服务的智能平台。通用电气已不是传统的工业制造商，不仅仅卖设备，而是转变为一个智能服务平台，在设备的使用过程中持续创造价值，将一次性的交易价值转变为持续性的使用价值。目前很多企业设备加入了智能成分，能够实时监控设备使用状况，提供及时的服务。

第二，企业所面临的市场也逐渐从以前的大众市场转化为人人市场。在智能商业之前，一般的商业逻辑是通过商业市场的细分针对同质化人群的需求提供标准的产品和服务，最终需求往往是满足千人一面的需求，而今天，智能商业时代的算法能够有效地实现产品标准化和体验个性化的完美组合，从而实现千人千面的效果。工业 4.0 正是在这种情况下实现了柔性化生产和多样化生产。3D 打印机也已经能够根据客户的不同需求，快速生产出个性化的产品。IBM 也在不断研究数据挖掘技术，提供更加个性化的服务。目前，客户也越来越追求个性化需求，更大程度地满足自己追逐差异化的愿望。今日头条的成功也是迎合了这样的需求特性。它从 2012 年 3 月创立，在短短的几年里迅速超过很多互联网门户，重要的原因就是使用了智能引擎实现精准推送，实现了千人千面的效果，创造了一个最懂你的信息分发内容平台。

第三，各个顾客形成的个体价值可以挖掘出群体价值。在千人一面标准化规模的逻辑下，我们特别关注客户的个体价值，千人千面并不意味着客户关系就是离散的，恰恰相反，智能商业提供了许多将客户的个体价值转变为群体价值的可能性，也就是说，通过叠加客户关系在云技术里实现客户集合的新价值创造。比如在美国的一个智能恒温器品牌 Nest，通过智能算法为每个家庭创建一个定制化、自动调整的能源管理方案，从而实现了节能和成本效率。当同一区域内有上百万家庭都在使用 Nest，Nest 在云端就能够动态地了解整个区域家庭能源使用情况，基于对数据的分析，就可以和供电企业一起更加高效地实现对区域内能源的管控，这就是将个体价值转化为了群体价值。

第四，智能商业将打破行业的边界，实现行业间的跨界融合。行业同质化竞争的一个很重要的原因是企业对行业的边界理解固化，关注相同的竞争要素最终走向竞争的趋同，而智能商业打开了一个真正以用户为中心的模式，通过对用户动态数据的积累和计算，让企业更容易整合其他相关产品和服务，更加精准地满足每一个客户对多样化、便利性、及时性的需求，与此同时，行业的游戏规则被完全改变。比如大家日常使用的冰箱，过去只是一个保鲜的工具，顾客购买时需要考虑的是价格、性能及售后服务等因素。但是在智能商业时代，冰箱不仅能够自动调整冰箱模式，让客户随时了解储存食物的保质保鲜状态和数量，始终让事物保持最佳状态，更重要的是根据这些数据，以及用户的健康状况数据，智能冰箱可以有效地整合超市、药店、营养师等服务，精准高效地为用户健康生活服务，其价值也远远超出了智能保鲜的边界。

在智能商业时代，企业已经不再是固守在某一个行业的固定玩家，而是一个连接器，连接许多不同行业的资源与数据，这种连接不再是过去简单流量的转换，而是在大数据智能处理基础上的产品与服务的组合，能够更加精准地满足客户的需求。智能商业要求企业不仅研发新的智能产品，还要重新审视整个商业生态系统，以及企业自身的价值创造与获取方式，适时地调整商业模式。

2.3　竞争环境变化引起的竞争需求

新的信息技术给企业的竞争环境带来了变化，这些变化也需要企业对信息战略进行新的思考。这里将竞争环境变化归纳为四个方面，可以理解为新环境下竞争需求的四要素组合，信息战略需要充分考虑这四方面变化后产生的新的需求。

2.3.1　竞争速度

随着信息技术的发展，企业面临的竞争速度越来越快，产品生命周期越来越短，企业做出反应和制定决策的速度也越来越快，这就需要企业有快速的协调能力，提供更快的零时差服务能力，以及加速技术研发，在产品生命周期变短的情况下，延长无形资产生命周期的能力。

以往企业的技术、产品和无形资产的生命周期曲线几乎一致，但2000年以来，产品生命周期变短的现象越来越明显，即使优质的产品也很容易被新产品替代，此时，产品创新异常重要。同时，产品创新能够有效延长企业部分无形资产的生命周期，如企业的品牌能够持久存在、一种新的技术可以派生出更多的子技术等。目前，多数企业采用产品快速迭代式创新，并结合市场刮脂策略（Skimming Strategy），以较高价格卖出最新产品，对老产品逐步降价，使产品品牌价值得到延续。譬如，iPhone 手机几乎每年会以较高的价格推出新一代产品，相应老产品价格下降，最终被替代。这种情况下，企业不需要总是推出完美型产品，相反，在满足顾客第一痛点后，产品即可立即推出，尽管仍有一些没能满足的功能，但这些功能可以在后续研发中逐渐应用于新的产品中。如果企业坚持将已想到的所有功能予以实现，可能市场机会早已错失。在定价方面，每次推出的新产品可执行较高的价格策略，接下来企业可以通过不断创新、研发、改进、升级产品，从而迅速推出迭代产品，新推出的产品继续执行高定价策略，但老产品迅速降价，既抵制了模仿者的价格竞争，又保持了自己领先定位的高价格和高利润。

在速度的构成中，我们不仅强调产品研发的速度、满足客户服务的速度，还要强调战略前瞻性的速度，提前发现未来产品需求趋势、创新趋势。前瞻意识与洞察能力要求企业战略领袖能够通过直觉、悟性、远见发现机会。具有此种能力的战略者，首先需要有明确的目标，并能根据外部环境的变化，自主、适宜地利用本企业的条件确定可能完成的任务或提出新的目标；其次要具有强的开拓精神，敢于创新和实践；最后要具有较强的分析决策能力，准确地判断外部环境中出现的机遇。获取情报并利用情报在其中起到了关键的作用，企业信息战略应当将竞争情报工作纳入，为企业创新趋势的把握提供支撑，为企业发展给予指引。

2.3.2 竞争平台

在信息时代，企业竞争不仅仅是产品的竞争，还有平台特别是信息化平台的竞争。目前，多数企业采用管理信息系统，对企业内外部信息进行管理，内外部均通过信息网络连通，信息流成为企业的命脉，企业通过构建内部信息平台和外部信息平台，实现外部与客户、供应商和合作伙伴等相关企业间实时共享信息，内部搭建起交互式学习平台，促进知识的交流和创新。

其中，企业资源管理规划（Enterprise Resources Planning，ERP）系统是比较典型的企业信息管理平台，集成了传统的生产制造管理、客户关系管理、物流与供应链管理、财务管理、设备管理等多种系统功能，综合实现了企业决策、计划、控制与经营业绩评估的全方位和系统化管理。企业门户提供一个连接企业内部和外部的平台，为企业提供一个单一地访问企业各种信息资源的入口，企业的员工、客户、合作伙伴和供应商等都可以通过这个门户获得个性化的信息和服务。譬如，动态发布企业内部和外部的各种信息；实现网上交易；提供虚拟社区，支持网站的用户相互讨论和交换信息等。电子商务平台为企业提供了线上交易场所，企业可以根据自身情况，与其他电子商务平台合作，也可以自己构建电子商务平台。随着智能手机的普及，移动电子商务平台越来越受到年轻人的喜好，各类 App 层出不穷，企业需要利用好这类平台，一方面增强销售能力，另一方面根据顾客行为数据分析，为顾客提供更好的产品和服务。各种社交平台也为企业与外部的沟通建立了桥梁。企业可以通过用户对本企业的评论分析和发现企业现存的问题，及时改进。在美国，各企业均有官方 Facebook 和 Twitter 账号，接收到顾客的反馈或投诉会及时处理，笔者在美国就利用 Facebook 快速解决了电话、网络、购物退换货、UPS 服务投诉等多种问题，方便快捷。在中国，微博、微信也同样提供了便利的社交平台，企业会有专员时刻关注顾客的反馈、评论，并及时做出反应。这些平台都已成为企业与外界实时交换信息、感知市场、做出快速动态回应的竞争平台。

2.3.3 竞争资源

通常，企业资源包括三类：第一类是有形资源，如厂房、机器等能够看得见的内容；第二类是无形资产，如声誉、品牌、技术知识、专利、商标、管理经验等；第三类是人力资源。拥有资源并不意味着公司可以高枕无忧、稳操胜券，只有将资源运用到有效的战略之中，才能为公司创造利润。因此，公司必须以最优的方式去配置资源，有效规划公司活动以实现预期的竞争优势。

现实中，企业往往会忽视自己的资源，因此基于战略的资源分析是非常重要的。举一个简单的例子，一个餐厅，设定了为顾客提供愉快服务的战略，并基于此战略分析现有资源如何支撑这一目标的实现，结果很多可利用的资源浮出水面。譬如，设置车位和车易进易出标志，方便顾客就餐；利用地板设计、吧台位置设计、装潢、餐桌布局创造愉快环境；利用欢迎问候语、免费饮料、菜单介绍、餐桌装饰形成特殊欢迎方式；利用可视化查询系统、消遣式排队设计、营销资料保证顾客等待时间的可预期和心情的愉悦；利用菜单尺寸设计、菜单材料、菜单设计形式提供就餐者喜爱的菜单；利用标准化的服务和厨房查询系统确保提供及时的服务；利用意见反馈单了解顾客的建议，进一步提升服务质量。这就是充分利用资源实现战略目标的现象。

竞争资源更强调与众不同的特性，它们通常是企业需要发掘的核心资源，通常需要具备以下四个方面的特性：一是价值性，即资源能带来价值或创造有价值的产物。也可以将其理解为满足需求和可获利的能力。其中，需求是指该资源能生产出符合顾客需要而且非常愿意购买的产品，有助于形成产品或服务市场的竞争优势。获利是指企业最终能够享有该资源生产的价值分成，从而盈利。有些产品虽然能够满足一定的需求，但企业未必能从中获利，这种资源的价值性对企业而言就较低。同时具备需求性和获利性的资源就是有价值的资源。二是稀缺性，或独特性。目前其他企业很少有这类资源或难以获得此类资源。三是难以模仿和难以替代性，即资源难以被其他企业模仿、学习，也难以被替代品替代。四是可组织性，即可被组织长期利用获取其价值性。

以上四种特性可以用来判断一种资源能否成为企业的核心资源或竞争性资源。通常，当资源具备物质的唯一性、路径依赖性、经济威慑性和专用性时，容易形成上述四大特性。如矿藏、茅台酒的水源等属于物质唯一性，这种物质是别人难以模仿学习且不具备的。另外，如果资源需要依赖于原有的资源才可以发挥作用，且这种原有资源需要长期积累或需要由组织文化形成的环境培育等，这时候别的企业很难学习，因为不同企业间的管理方式和文化往往是不同的，在这种情况下，即使其他企业看到了这家公司的优势，也难以准确识别产生这种优势的深层原因，因此难以模仿。经济威慑性是通过早期大规模投入构成进入壁垒形成的，如我国的电信运营商中国移动、中国电信和中国联通，它们在早期大规模投入构筑的基础设施壁垒使其他企业难以再进入通信运营商这一行业。专用性是指资源受到了法律上的保护，只有你一家企业能够享用，如专利权的保护，使创新企业可以在长期内获得技术优势。

在信息时代，企业越来越重视知识资源，它已成为重要的战略资源，决定着企业的可持续发展能力。通常，知识资源包含一个企业的声望、品牌、客户形成的市场资本，专利、版权、特许经营权形成的知识产权资本，组织结构、运行规则、信息系统等形成的结构资本，管理人才、创新人才、技能人才等形成的人力资本，以及企业知识积累形成的知识资本。知识资源具有无限性、无损耗性、重复利用性、再生性、无形性、流动性、稀缺性、共享性、优势递增性、无破坏性，与自然资源的特性，即有限性、损耗速度快、不可再生性、优势递减性、便于模仿性、环境破坏性等恰恰相反，也正因如此，知识成为重要的战略资源。大家会发现，在经济交易中，我们的产品性质在悄悄发生变化，在工业经济中，人们买卖的是“凝结资源”，即由少量知识联系起来的大量材料。但在知识经济中，人们买卖的是“凝结知识”，即由一个有形外壳罩住的大量智能内容。信息和知识已经成为交易的核心，当今企业的市值更多来源于知识资本，很多知识型企业也已富可敌国了。

由于知识资源都是人开发的，因此人力资源特别是由高端人才构成的智力资源已经变得越来越重要，在股票市场中，市值前200名的企业中，其实际固定资产的价值往往只占市值的1/3。而在高科技企业中，实际固定资产的价值还不到企业市值的1/20。可见，企业无形资产更重要，这些无形资产可以归于技术、品牌、经验等，但最终要归结到人的因素。当人力成为一种资产时，企业与员工之间的潜在合约必须转变方式，信任需要互惠互利的意识和制度。依赖信息、创意和智力发展起来的高科技企业的一个合适的解决问题的方案是将员工从雇员转变为企业成员，以更好地留住智能型人才。

上述提到的竞争资源都是可以被投资和开发的，企业需要不断识别和认识核心资源，通过有效培育，显化核心资源，并不断强化它们。此外，公司可以通过提高质量来提高现有资源的能量，增加补充性资源来巩固在现有市场中的地位，开发新资源使公司进入新的、更有吸引力的产业。但无论如何，我们必须认识到，资源在创造战略机会时具有非常大的不确定性。如果决策所需的信息是完备的，那么各公司的战略将基本一致，超额利润将不复存在，正是由于信息的非完备性、机会的风险性，使能够驾驭好竞争资源的企业更具竞争力。

2.3.4 竞争能力

随着企业资源基础理论研究的深入，人们发现资源禀赋相似的企业竞争优势并不相同，隐藏于资源背后的能力或者说运用资源的能力才是企业竞争优势的来源，由此产生了企业能力基础理论，其中企业核心竞争力（简称核心能力）的研究是能力理论中最有影响力的理论。一般来说，企业能力（Capability）是企业协调资源并将其发挥作用的技能和力量，是资产、人员和组织投入产出过程中的复杂结合。企业能力是将一组资源组合起来使用的方法与技能，它是无形的，产生于各种有形资源和无形资源的相互作用中。这种能力包括人与人之间、人与资源之间的协调。

企业能力和资源是存在区别的。资源往往是外显、冷静、有形的客观存在的对象；但能力往往是潜在、动态、无形的主观能动性产生的对象。有些能力必须依附于特定资源才能发挥作用，这类能力需要与资源绑定在一起，企业员工是很难将能力带走的，此时拥有资源的企业拥有竞争能力。而有些能力几乎不需要任何资源就能充分发挥作用，这种情况下，具有能力的人就能找到自我，变成独立于资源的生命主体，此时留得住人的企业才能具有竞争力，得到长期发展。

企业的能力根据难易程度可以划分为资源天赋能力、组织结构能力、环境制度能力、学习能力和创新能力五个层次。

第一层次：资源禀赋能力。资源禀赋能力是指企业能够有效利用资源、开发资源和构建资源的能力，表现为企业所处的地理位置、企业拥有的特殊资源、企业与资源供应者的契约和信誉关系等。资源禀赋能力实质是有效利用核心资源的能力，但这种能力建立在资源的基础上。譬如，卢浮宫对世界各地游客都具有很强的吸引力，在很大程度上是由于它拥有三大镇店之宝——胜利女神像、断臂维纳斯和蒙娜丽莎。当然，卢浮宫在这三个镇店之宝的基础上，需要开发大量其他资源和能力，但这样特殊的资源禀赋突出了它的与众不同。企业可以培养的第一层次的能力就是发现核心资源的能力，利用好资源禀赋。

第二层次：组织结构能力。组织结构能力可以看作企业通过组织结构调整和流程再造提高企业生产和运营效率的能力。成功的企业都具有适合自己的独特的组织结构，如 Amazon 采用直线制与职能制相结合的组织结构，实现了分工精细、责任清楚、效率高、组织稳定性高等优点；Google 虽然有清晰的等级，但是部门之间相互交错，通过横向沟通促进创新；Facebook 是去中心化的分布式网络形态，一个团队只管自己的事情，不但如此，而且在做自己事情的时候，尽量不依赖别人，但相互之间又充分共享知识代码等。但是随着企业的发展和战略的调整，组织结构也需要调整，这种调整能力对企业是非常重要的。Walmart 的成功在很大程度上就是抓住了信息化的技术背景，及时引入卫星系统，在信息化基础上实现了整个运营流程的再造，形成了独特的基于物流中心的运营模式。

第三层次：环境与制度能力。环境能力是指企业适应外部竞争环境的能力，制度能力是企业能够打造提升企业效率、激发企业斗志、促进企业创新的制度的能力。企业在日常工作中需要把重复的、可程序化的问题按照最佳实践经验做制度化的处理。企业制度在某种程度上体现了企业的文化和价值观，制度好的企业对员工更具吸引力，自身更具可持续发展能力。宝洁公司就是一个靠制度取胜的公司，从其对待员工离职的制度来看，宝洁公司建立了一个前员工联盟，叫作“宝洁商学院”，宝洁从来不会为难离职的员工，相反做了非常好的关系管理。优秀的前员工会被邀请参加宝洁年度聚会，在聚会上，大家会像不同届的学生一样交谈。宝洁的工资并不高，但员工培养方面做得特别好，从宝洁离职的员工大多数工作得非常好，他们不仅没有一个人抱怨宝洁，还会营销宝洁产品，宝洁前员工已有 20 多万人，都作为前员工资源被管理起来。这样的制度后来在企业界被推广，在中国做得不错的企业就是阿里巴巴，马云有一句名言："一天的阿里人就是终身的阿里人。"他们公司有一个特别大的大厅，每年马云会在这里搞一个大的聚会，被邀请回来参加聚会的人都会觉得特别的光荣，马云也会跟他们吃饭演讲、分享聊天。他们叫"阿里系"。腾讯、华为也已形成类似的制度，所以，一个好的制度，能够让企业更具活力。

第四层次：学习能力。同个人能力获取和提升来源于学习一样，企业能力的产生和提高也依赖于学习。在我国，腾讯是一个典型的学习能力非常强的公司，在微信推出之前的腾讯一直背负着抄袭的恶名，坊间称其为"山寨之王"，模仿 ICQ 的 QQ 挤走了 MSN、QQ 游戏血洗了"联众"、腾讯网游碾压盛大、腾讯电脑管家狙击 360 等，说明腾讯是一个学习能力非常强的人，新事物的出现能立即被其发现，并快速学习、超越。当然，学习能力与自主的创新能力还是有很大区别，但是企业的创新能力必然是建立在学习能力之上的。

第五层次：创新能力。创新能力表现为科研与开发能力、提出新产品的能力和实现商业模式创新的能力、腾讯前期的学习能力虽然没有得到大家的重视，但在学习能力基础上，开发出了微信。早期的微信其实就是一个邮箱系统，只是快速的短邮件快到让你以为不是邮件而已，但随着不断研发，其实现了很多微创新，并不断取得突破，最终让腾讯成长为一个受人尊敬的企业，并把我国带入了微信时代。紧接着，腾讯注重打造互联网生态的概念，做起了连接器，崇尚合作共赢的开放战略。现在，用微信中的公众号、二维码可以实现全行业结合。可见，只有创新才能获得更大、更高层次的成功。

2.4 战略与信息战略

2.4.1 战略

"战略"一词对每个人来说都不陌生，但是很多人提到战略管理的时候，也许会感觉到战略是一个虚的东西，让人摸不到边际，甚至有人认为战略就是一种口号而已。其实不然，战略管理只有务实才有意义，企业在进行战略管理的时候必须本着可操作性的原则，将战略落实到实处，切实地贯彻下去。如果企业的战略管理者不能本着务实的态度来提高自己企业的管理水平，增强企业的核心竞争力，那么战略就会失去其真实的意义。因此，企业必须正确理解战略，并将其渗入到战略实施的各个环节。

“战略”一词来源于希腊语 strategos，它是由 stratos 和 eg 构成，含义是“将军指挥军队的艺术”。从战略的众多定义可以发现，战略最早应用于军事。英国著名军事战略家李德·哈特指出：“战略是运用军事力量以达到政策所确定之目标的一种艺术。”德国著名军事家克劳塞维茨的代表作《战争论》，运用德国古典哲学理论总结了拿破仑的战争经验，书中指出：“战略是使用战役来达到战争目的的手段。”《辞海》中对战略的定义是“军事名词，对战争全局的筹划和指挥”。《中国大百科全书·军事》中对战略的定义是“指导战争全局的方略”。《韦氏新国际英语大词典》中对战略的定义是“军事指挥官克敌制胜的科学与艺术”。《简明不列颠百科全书》中对战略的定义是“在战争中利用军事手段达到战争目的的科学和艺术”。综上，“战略”最初指的是军事战略，泛指对战争全局性、高层次的重大问题的筹划和对战争整体性、长远性、基本性问题的谋划。

由于企业在市场环境中的竞争与军事对抗是如此相似，在很多方面企业的经营战略很像军事战略，企业战略和军事战略的关键目标都是“获得竞争优势”，以至于许多战略管理技术对两者都是可以通用的。两者均需持续地关注和洞察外部及内部环境和条件的变换，并及时做出战略调整，否则将会处于劣势。这些军事战略家在千百年的实践中积累的丰富经验也同样可以适用于企业经营战略的制定。

当然，企业战略与军事战略存在一定的区别。企业战略制定、实施和评价的出发点是进行“竞争”，而军事战略的出发点是进行“对抗”；企业战略制定的背景是“风险”，而军事战略的背景是“战争”；企业战略的主体是竞争各方的“企业”，军事战略的主体是参战各方“军队”；企业战略的目的是“赢得优势”，实现持续的生存和发展，军事战略的目的是“消灭对方，保存自我”；企业竞争的逻辑是在法律和社会压力范围内“合理竞争”，军事竞争的逻辑是“你死我活”；企业研究的内容包括投资方向、资源配置、组织文化等，这也与军事战略研究的内容有所区别。

从战略的多种定义来看，战略有三个核心要素，即目标、资源和手段，它们是不可分割的整体，共同体现战略的意义。在竞争中，为了达到目标，需要在知己知彼的基础上有事先的谋划，对资源进行有效的组合，采取正确的策略和手段。这里需要强调两点：一是不要认为战略仅仅是在战略分析的基础上明确目标，通常在目标、资源确定的情况下，手段在竞争中同样非常重要，因此，战略是目标、资源和手段的结合，是确定合理目标、配置资源和选择手段以实现竞争胜利的过程。二是在战略中，往往需要扬长避短，发挥优势，且需要从长远性、全局性的角度去思考，为了全局利益必要时应牺牲局部利益。

对于一个企业，它的目标可能是盈利，也可能是提高顾客满意度，可能是击败竞争对手，也可能是提高产品市场占有率，企业应明确自己的目标。由于每个企业的内部和外部资源是一定的，在资源确定的情况下，需要合理地配置资源。当然，在资源一定的情况下，会有多种手段实现目标，战略应是选择最恰当、最有效的手段达成目标。因此，我们可以把企业战略理解为：在变化和对抗性的环境中确定目标，配置资源，选择手段，以实现企业竞争的胜利。

在理解企业战略时，必须将企业战略与战术、策略区别开来，它们之间虽然有着密切联系，却也存在着明显的差别。一般来说，战略与战术主要是全局与局部的关系，战略是指企业为达到战略目标对达到目标的途径和手段的总体谋划，而战术是为达到战略目标所采取的具体行动。战略包含对手段的谋划，战术包含的是对手段的具体实现方法。通常，先有战略，后有战术和策略，策略必须服从和服务于战略。

企业战略与规划和计划同样也存在区别。战略、规划、计划都是对未来的筹划，都属于管理的计划职能范畴。但它们与战略、战术、策略一样有着层级关系，可以认为，战略是规划和计划的灵魂和基础，规划和计划必须体现既定的战略。通常先有战略，再有规划，再定计划。

由于企业战略离不开战术、策略、计划等，企业在战略管理中需要构建目标体系，将企业战略目标细化到明确的战术目标和行动计划，只有这样战略实施才是可行的，战略才不会像多数人想象的那样虚无缥缈，而是实实在在的。

2.4.2　信息战略

1997~1999 年，美国参谋长联席会议前副主席欧文斯和美国海军军事学院教授巴特纳看到信息在军事领域的作用越来越大，提出了“信息战略”理论。该理论认为，信息的作用犹如核武器，能产生三大作用：一是实施“信息威慑”。通常拥有强大信息攻击能力的国家可以实施有效的“信息威慑”。战略信息攻击造成的破坏与核突击相似，可使受到攻击的地区、行业陷于瘫痪，因此

“信息威慑”不亚于核威慑。二是为盟友提供“信息保护伞”。这种保护伞的作用也不小于“核保护伞”，能起到团结盟国和支援盟军作战的作用。三是“信息保障”。信息时代，信息战略需要构筑保卫国家“信息边疆”的屏障，这是维护国家安全利益的根本保证。

随着计算机的快速发展，信息战略已经不仅在军事领域受到重视，企业层面更是开始关注信息战略的实施。1995 年，范德普尔（Van der Poel K. G. ）[①]给出了有关“信息战略”的概念，认为信息战略是一个组织内，有关信息供给与需求的目标、远见、准则或计划的合成体，它受到企业管理的约束，支持组织的长期目标，帮助企业更好地适应环境。李培[②]曾指出，信息战略在结构上由信息战略环境、信息战略过程、信息战略形式与内容、信息战略实施与结果四部分组成。其中，信息战略环境是指所有与构成信息战略相关的，能够产生一定影响的事实与情况。信息环境分为内部环境和外部环境。内部环境包括企业或组织的类型、总体战略、内部信息技术能力和信息战略意识等。外部环境包括企业或组织的相关利益者、客户、供应商、市场、经济、社会、政策法规、技术的发展等。信息战略过程描述了信息战略产生和变化的途径，包括驱动因素、方法与工具、参与者和组织学习四个方面。信息战略形式是指信息需要满足的形式化和规则化程度；信息战略内容描述信息战略将要提供解答或指导的主题范围。信息战略的实施包括最终方案的选择、人员在任务中的分配、可得到的时间和资金，以及由此而引出的大量技术细节；信息战略结果则包括信息战略实施后产生的预期和非预期效果。

在本书看来，信息战略作为信息资源管理各项具体工作的基本出发点，其主要目标是为企业整体战略和经营战略服务，提供信息支撑。在信息价值链中，知识、情报和智慧对企业来说是至关重要的。因此，企业信息战略可以理解为在动态竞争的商业环境中，积极获取内外部信息资源，基于有效分析方法对信息资源进行加工处理，帮助企业实现知识累积、情报即时和决策合理。

信息战略可以分为三部分：信息系统战略、信息技术战略和信息管理战略。信息系统战略重点关注各个信息业务单元，使它们能满足内部或外部的信息用户需求，并能够从内外部获取、收集信息。信息技术战略以供应信息为导向，重点关注供应信息活动及支持这些活动所需的技术。信息管理战略在整个企业

---

① Van der Poel K. G. Theory and Practice of Information Strategy［M］. Tilburg University Press，1995.

② 李培．论组织的信息战略［J］．图书情报工作，2000（3）：12-14.

层次上以管理为导向，基于运营信息的有效管理提升企业运营效率，并营造企业的信息共享和知识创新氛围，提升企业员工的竞争情报意识。

新时代背景下，企业竞争中的竞争速度、竞争平台、竞争资源和竞争能力四个方面是需要相互协同的。信息战略实质就是根据企业的资源和能力，依赖于目前的竞争平台和获得的信息、情报、积累的知识，通过新的组合利用，做局与破局，为企业开辟新的途径，以更快的速度实现企业总体战略目标。现实中，当企业要推出一项新产品、一个新项目之前一定要用发展的眼光看待问题，在没有条件或者说根本就不可能的情况下，可以创造条件。在信息战略指明方向后，竞争情报工作可以帮助企业发现可以利用的条件和资源，譬如：寻找先前没有进入视野的无关资源，挖掘其对现有资源的转化作用；对现有资源进行重新定义，找出新的出路；或打破已有格局，对所有资源进行重新组合。总之，信息战略可以发现途径，帮助企业在资源有限的情况下也能够通过外部机遇抓住机会，破除威胁。

❸

企业信息能力构建

在信息时代，企业信息能力是非常重要的，但如何理解信息能力，企业又如何构建信息能力呢？为了回答这个问题，本章将阐述以下三个方面的内容：一是在企业发展历程中，企业信息能力是如何逐渐发展起来为企业资源管理服务的。二是人们的信息资源管理观念发生了哪些转变，未来的信息能力构建的重心和难点在哪里。三是目前从企业信息能力构成的角度出发，探讨构建企业信息能力应当注重哪些方面。

在阐述这三个方面的内容之前，先给企业信息能力下一个定义，即充分利用信息技术和信息资源来控制、管理和协调企业内外部联系和运作，并对环境的变化做出快速反应。信息能力现已成为企业核心能力的重要组成部分，但是企业信息能力的培养需要有战略规划，有意识地从组织文化、技术平台、资源途径、人力资本等多个方面进行培养，而且信息能力的构建是一个循序渐进的过程。

3.1 信息资源管理能力的演变

考虑到企业信息资源管理能力的演变过程恰是企业信息能力逐步提升的过程，这里依托 ERP 系统的发展历程来阐述企业信息能力提升的历史进程。ERP 是 Enterprise Resources Planning 的缩写，即企业资源规划，其概念是 Gartner 于 20 世纪 90 年代初期提出的，是一种建立在信息技术基础上，利用现代企业的先进管理思想，全面地集成企业所有资源信息，为企业提供决策、计划、控制与经营业绩评估的全方位和系统化的管理平台。但 ERP 与众多事物一样，是逐步成长起来的，在信息化进程中，它体现出企业对信息资源管理需求的演变、对管理信息系统功能要求的提升和企业信息资源管理能力逐步完善的过程。

ERP 的成长历程大致可以划分为五个阶段，分别是 20 世纪 40 年代的库存订货点理论、60 年代的基础物料需求计划理论、70 年代的闭环物料需求计划理论、80 年代的制造资源计划理论和 90 年代的企业资源计划理论。

3.1.1　库存订货点理论

20 世纪 40 年代，人们为了控制库存，确保生产所需物料的及时供应，提出了库存订货点理论。其思想如图 3-1 所示。

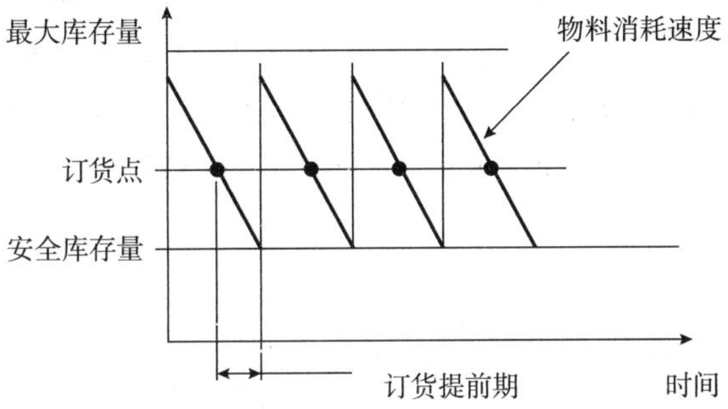

图 3-1　库存订货点理论

库存订货点理论的基本原理是：当物料消耗在永续盘存记录上的库存下降到预先确定的订货点水平时，就发出补货订单。由于供应商送来物料需要一定的时间，因此订货点是在安全库存到达前开始启动的。当库存量降低到安全库存时，发出的订单所定购的物料刚好到达仓库，补充前一时期的消耗。

库存订货点理论是控制库存的基础理论，但是它存在一定的局限性，如图 3-1 所示，物料消耗线的斜率是不变的，即要求物料的消耗是稳定的，且物料的供应是稳定的。但是，现实中市场往往是变化莫测的，客户的突发需求、供应商的突发问题均可能无法满足这样的要求。因此，订货点法往往不能反映物料的实际需求，造成库存积压、占用大量的流动资金、产品成本提高等问题，使企业竞争力下降，于是企业开始对资源管理能力有了更高的要求。

3.1.2　基本 MRP

针对库存订货点理论的局限性，20 世纪 60 年代，IBM 公司的约瑟夫·奥利佛博士提出，物料的需求可以分为独立需求与相关需求两类。所谓相关需求，是指一个产品是由多个物料构成，而生成一个产品需要的各种物料或原材料之间的比例关系往往是固定的，这种固定关系就是相关性，它们构成了产品结构。基于这一概念，任何一个由多种物料构成的产品都可以根据物料之间的比例关系列出一个物料清单，又称 BOM（Bill of Materials）。当我们要生产多个产品时，可以根据物料清单自动计算出每种物料的需求量。所谓独立需求，通常是与产品的构成无关的需求或由于物料操作不当废弃造成的额外需求。

当有了相关需求的概念，企业就可以根据生产计划中需要生产多少产品来决定提供多少量的物料了。比如生产一辆自行车，需要一个车架、两个车轮、一个中轴、一副脚踏板等，它们必须要按一定比例配比才能生产出一辆完好的自行车成品。那么，生产一万辆自行车，只需要根据产品结构的物料清单，将各数据乘以一万，就能够很容易地计算出各物料的需求量。这就是基本物料需求计划（Material Requirement Planning，MRP）的思想，如图 3-2 所示。

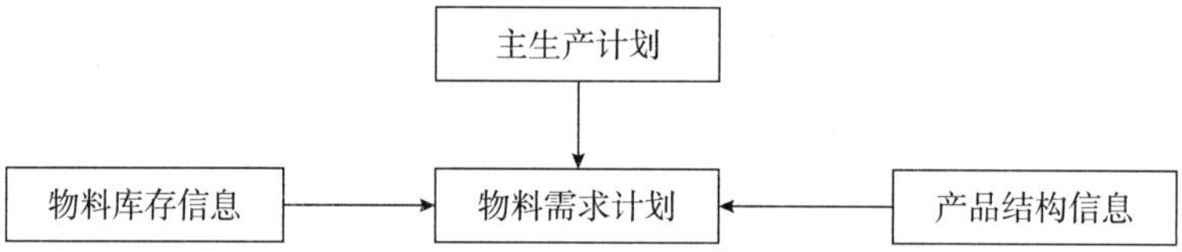

图 3-2 MRP 理论

图 3-2 说明，企业可以根据销售情况计划下一阶段的主生产计划，基于产品结构信息和物料库存信息计算出物料需求计划，即主生产计划乘以产品结构信息，减去物料库存数量，得到物料需求计划。

然而，基本 MRP 思想仍然存在一定的缺陷，它的成立建立在两个假设基础上：一是假设企业的生产能力是无限的，有足够的设备和劳动力来保证计划的实现；二是假设企业有足够的采购能力和运输能力来完成物料的采购计划。可现实中，这种假设并不能够完全保证。所以，尽管它能够计算出相关物料需求的准确时间和数量，但是并没有解决如何保证零部件生产计划的成功实施的问题，缺乏对各种资源进行计划与保证的功能，也缺乏根据计划实施情况的反馈信息来对计划进行调整的功能。

3.1.3 闭环 MRP

针对基本 MRP 的缺陷，人们在 20 世纪 70 年代进一步完善物料需求计划系统，形成了闭环 MRP 理论，即考虑能力的约束，或者对能力提出需求计划，在满足能力需求的前提下，保证主生产计划与物料需求计划的执行和实现。在这种思想要求下，企业必须对投入与产出进行控制，也就是对企业的能力进行校检、执行和控制，如图 3-3 所示。

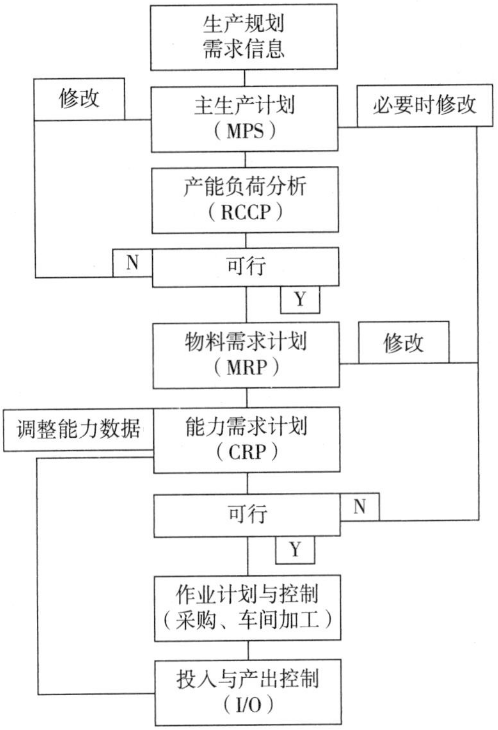

图 3-3 闭环 MPR 理论

在闭环 MRP 中，主生产计划及物料需求计划算出来以后，要根据物料采购和生产加工的能力计划、能力需求计划做相应的调整。同时，它还能收集生产或采购活动执行的结果，以及外界环境变化的反馈信息，作为制订下一周期计划或调整计划的依据，因此可以有效地对生产过程进行计划与控制。

但在闭环 MRP 上，企业仍然会产生新的需求，比如客户很多，一些较稳定的客户和新客户是否可以通过信息系统来进行管理，更好地服务于客户的需求；再比如供应商很多，能否集成到一个系统中来进行管理，跟踪订单等；还有财务数据、应收账款、应付账款能否与销售和采购关联到一起。于是，企业开始期望把以前孤立的部门系统连接成一个整体，对企业信息资源的共享程度提出了新的要求。

3.1.4 MRP Ⅱ

企业针对新的信息资源管理需求，在 MRP 的基础上，将信息共享程度扩大，使生产、销售、财务、采购、工程紧密结合在一起，共享有关数据，组成一个全面生产管理集成优化模式，这就是制造资源计划（Manufacturing Resource Planning，MRP Ⅱ）。为了避免名词的混淆，物料需求计划称为狭义的 MRP，而制造资源计划称为广义的 MRP 或 MRP Ⅱ。该思想是在 1977 年 9 月由美国著名生产管理专家奥列弗·怀特（Oliver W. Wight）提出的，MRP Ⅱ 是对制造业企业资源进行有效计划的一整套方法。它将物流、资金流结合起来，将生产与财务结合起来，将销售、生产、采购、财务、技术等结合起来，并且具有一定的模拟功能，可以用来决策不同情况将带来何种结果。它是一个围绕企业的基本经营目标，以生产计划为主线，对企业制造的各种资源进行统一的计划和控制，使企业的物流、信息流、资金流流动畅通的动态反馈系统，如图 3-4 所示。

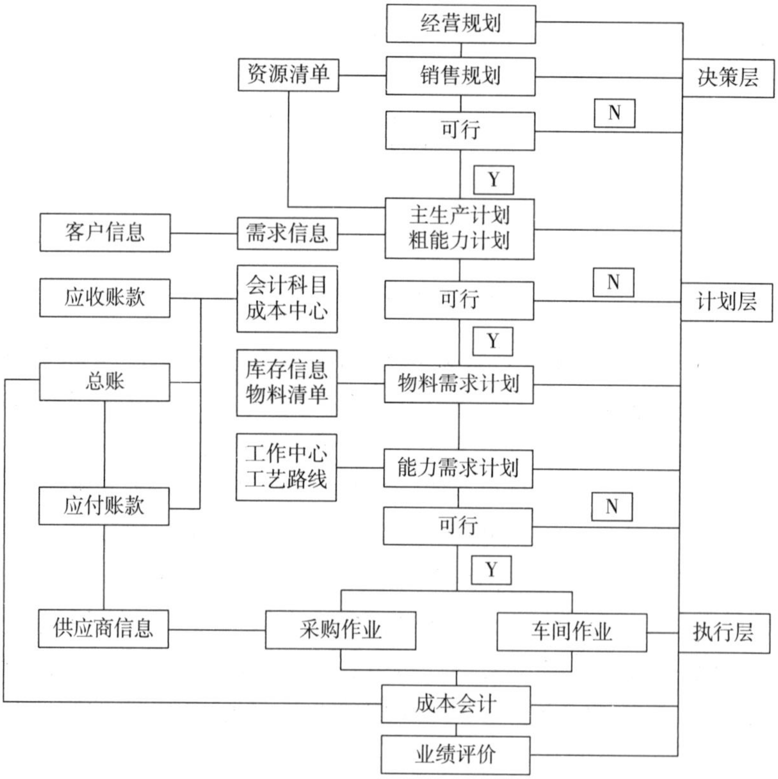

图 3-4 MRP Ⅱ 理论

从一定意义上讲，MRPⅡ系统实现了物流、信息流、资金流在企业内部的集成，并能够有效地对企业各种有限的制造资源进行周密的计划，合理利用。由于MRPⅡ系统能够为企业生产经营提供一套完整而详尽的计划，因此可使企业内各部门的活动协调一致，形成一个整体，提高企业整体的效益与效率，增强企业的竞争力，是制造业公认的管理标准系统。

但随着企业之间竞争范围的扩大，一是要求企业在各个方面加强管理，企业信息管理的范畴亦需要扩大到对企业的整个资源进行集成管理，而不单单是对企业制造资源的集成管理，如设备管理、人力资源管理、外部信息管理等与企业相关的资源均纳入到一个统一的信息系统平台，实现数据标准一致，能够实时共享，并支持决策的功能。二是随着企业规模扩大化，多个集团、多个工厂要求协同作战统一部署，这已经超出了MRPⅡ的管理范围。三是信息全球化趋势的发展要求企业之间加强信息交流与信息共享，企业之间既是竞争对手，又是合作伙伴，信息管理要求扩大到整个供应链的管理，这些更是MRPⅡ所不能解决的。可见，企业信息化建设需要有更高集成度系统来满足信息资源管理的需求。

3.1.5　ERP

ERP的核心管理思想就是实现对整个供应链的有效管理，它是一个供应链管理的管理信息集成，主要体现在三个方面：一是对整个供应链资源进行管理的思想。二是体现精益生产、同步工程和敏捷制造的思想。三是体现事先计划、事中控制与事后反馈的思想。ERP把客户需求和企业内部的制造活动及供应商的制造资源整合在一起形成了一个完整的供应链，并对供应链上所有环节，如订单、采购、库存、计划、生产制造、质量控制、运输、分销、服务与维修、财务管理、人力资源管理、项目管理等进行有效的管理。因此，ERP是对MRPⅡ的超越，尽管从本质上看，ERP仍然是以MRPⅡ为核心，但在功能和技术上却超越了传统的MRPⅡ，它是由顾客驱动的基于时间的面向整个供需链管理的企业资源计划。

ERP可以从管理思想、软件产品、管理系统三个层次来理解。ERP是建立在信息技术基础上，利用现代企业的先进管理思想，全面地集成了企业所有资源信息，为企业提供决策、计划、控制与经营业绩评估的全方位和系统化的管理平台。所以，ERP既是一种管理思想，又以软件系统的形式作为管理工具而存在。它是一个整合企业管理理念、业务流程、基础数据、人力、物力、计算机硬件和软件、内部和外部于一体的企业资源管理系统，支持多方面的信息流动、共享和处理功能。

3.2 信息资源管理观念的演变

上一节中信息资源管理系统的逐步完善过程是受到信息资源管理观念演变的影响的，ERP 出现后信息资源管理的观念又得到了进一步的提升，涌现出竞争情报管理、知识管理、智能管理等概念，本节将回顾信息资源管理观念的演变历程。

在 20 世纪 50~60 年代，人们对信息能力的需求是提升数据的处理速度，譬如当店铺售货员面对顾客购买的众多产品，要迅速而准确地计算出总价是非常难的，POS 机能够很好地帮助售货员统计出所有货物的总价格。计算机刚问世时，如同一个计算器，只能处理相对简单的科学计算。慢慢地，计算机开始局部代替人脑，实现一些简单的单项事物处理的工作，提高管理工作的效率。1954 年，美国通用电器公司首先使用计算机核算工资和成本会计，开启了计算机在企业应用的新时代。数据处理效率的提升，对简单手工事务的替代是信息能力的第一次提升，此时我们称之为单项数据处理阶段。

20 世纪 60 年代中期到 70 年代初期，人们开始用计算机实现一些相互关联的单项事务处理的工作。随着计算机技术的发展，计算机从以前体积庞大、计算能力低的单机应用向以大型机为中心、连接多台终端机的系统转变，并且出现了大容量存取的外存储器，即磁盘。管理信息系统已经能够对多个相互关联的业务数据进行综合处理，并可以按照管理要求提供各种状态的报告，监视生产进度，管理库存等。此时我们称之为综合数据处理阶段。

到 20 世纪 80 年代，此时正是 MRPⅡ被提出并得以应用的时期，人们开始体验到信息共享带来的效率和价值。人们开始在之前的数据基础上，分析数据，获得信息，重视信息的价值。信息化和信息资源管理的概念开始逐步形成，并受到重视。人们开始期望以现代通信、网络、数据库技术为基础，将研究对象的各要素汇总至数据库，供特定人群生活、工作、学习和辅助决策等，信息化成为与人类息息相关的一种技术。

20 世纪 80 年代后期，人们开始重视情报在商业竞争环境中的应用。有关信息的组织、检索、加工、服务等相关研究开始得到人们的关注，并应用于决策中。竞争情报系统（Competitive Intelligence System，CIS）在这种背景下产生并被推广应用，它是基于信息采集、全文检索、文本挖掘等核心技术，对企业自身、竞争对手和企业外部环境的情报信息进行收集、存储、处理、分析的应用管理系统，为企业提供坚实的战略决策支持，从而提高企业的核心竞争力。企业竞争情报系统是以人的智能为主导、以信息网络为手段、以增强企业竞争力为目标的人机结合的企业竞争战略决策支持与咨询系统。

20 世纪 90 年代，一方面，对 ERP 的应用使信息更加集成，共享范围更广，产生的价值更大；另一方面，人们开始关注知识在企业创新中的作用，强调企业内部知识管理系统的应用。2000 年后，知识管理系统（Knowledge Management System，KMS）的概念形成并推广，它通常是利用软件系统或其他工具，对组织中大量的有价值的方案、策划、成果、经验等知识进行分类存储和管理，积累知识资产避免流失，促进知识的学习、共享、培训、再利用和创新，有效降低组织运营成本，强化核心竞争力。

从图 3-5 可以看出，人们对信息管理的认识在逐步深化，并将其最终应用于企业创新管理和文化管理中。随着人们的信息管理观念的转变，传统的仅关注数据和信息的交易处理系统，开始结合知识工作系统，一方面利用办公自动化系统存储留存大量的文件，另一方面通过知识推理机，加入了数据和信息分析功能，形成分析报告等，进一步形成企业信息管理系统和决策支持系统，让管理者能够根据不同的需求，得到不同的支持他们的决策的信息，并能够依据多年的分析报告，进一步预测未来趋势，构建战略信息系统。

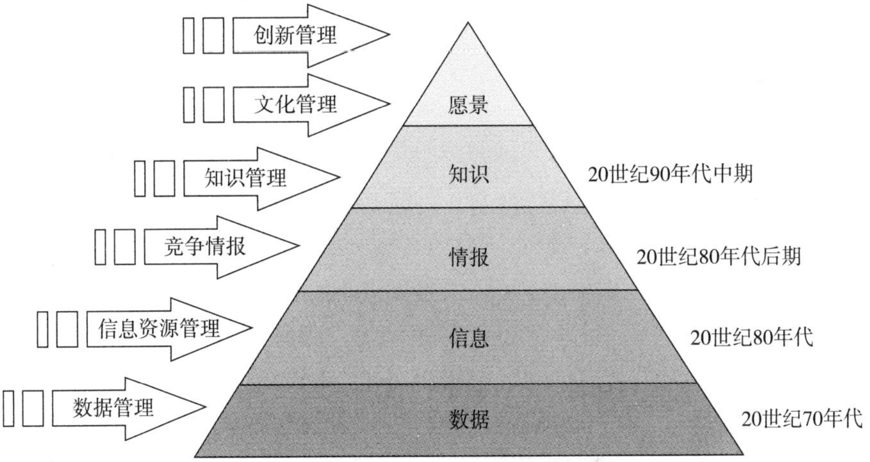

图 3-5　信息管理观念演进

企业中战略信息系统的构建需要有决策支持系统，决策支持系统需要建立在管理信息系统基础上，管理信息系统需要建立在知识工作系统和办公自动化系统的基础上，知识工作系统和办公自动化系统需要建立在交易处理系统基础上，从而形成操作层、知识层、管理层、战略层四个层级。

同时，随着人们对竞争情报和知识的关注，人们对信息管理的概念从企业内部扩展到企业外部，这也是为什么在信息管理领域出现了多种多样的信息管理系统的名称，如业务处理信息（TPS）、管理信息系统（MIS）、决策支持系统（DSS）、经理信息系统（EIS）、经理支持系统（ESS）、供应链管理系统（SCM）、企业资源计划系统（ERP）、顾客关系管理系统（CRM）、竞争情报系统（CIS）、知识管理系统（KMS）等，企业需要将这些不同的系统进行集成，综合应用。

3.3 企业信息能力的构成

企业信息能力主要由三个方面构成，包括每个员工的个人能力、组织信息能力和信息技术能力。

3.3.1 个人信息能力

企业是由员工构成的，每个员工的能力在很大程度上决定了企业的整体能力。美国海军采用的能力鉴定法从动机、特质、价值观、态度、自我概念、知识和技能七个方面来鉴定一个人的能力。这些方面如同一座冰山，大多数是我们难以看到的，只有少部分内容能够被别人观察到。通常，知识和技能比较容易被识别或被一个人表现出来；自我概念、态度虽然处于水面下方，不直接显现，但离水面不远，能够在一定程度上表现出来，被察觉到；而价值观、特质、动机却往往难以被他人观察到，甚至连自己都不了解，如同冰山处于海底深处的部位。正因为如此，很多企业加入了员工多元测试的环节，对员工的各方面进行测度，并尽可能发现处于冰山底部的内容，对员工能力做出尽可能完全正确的判断。上面七个方面是影响一个人的因素，企业往往可以从这七个方面来判断人的能力潜能。但一个人的信息能力具体包括哪些方面呢？本书将与信息相关的能力归纳为六类，分别是学习能力、技能、经验、价值观、社会网络、转化能力。下面将分析这六个彼此关联的能力。

3.3.1.1　学习能力

学习能力指一个人掌握显性知识和隐性知识的速度和质量，与理解力、思考能力相关，受到联想能力、内化能力、整合能力和应用能力的影响。首先，当我们获取到新的信息和知识时，联想越丰富，获得的知识就越有力量，越容易真正地被吸收。其次，一个人知识结构的品质，即头脑中存储的经验和知识深度决定吸收新知识的难易程度。原有的知识广度和深度越大，则越容易将新吸收的知识与原有知识融会贯通，将其整合，重组，再利用，并应用它们改变自身的思维和行为。再次，一个人解决问题的能力会影响到知识的应用能力，研究表明，早期解决问题的能力将影响后期对更复杂问题的解决能力，因此对儿童时期解决问题能力的培养是非常重要的。最后，一个人的学习能力还受到学习动力的影响，志向高远者，学习动力强，自然学习和掌握的知识也会越多。从教育方面可以看出，优秀的学生和成绩不好的学生，差异往往不在智商上，而在学习习惯和学习动力上，只有愿意学习、对新事物充满好奇的人才能有较强的学习能力。这种学习动力同时受到一个人的智力模式的影响，如看世界的眼光、角度和信仰，以及由大脑、知识、经历、信仰共同构成的价值观等。

3.3.1.2　技能

技能指一个人的手脑配合能力、动手能力。众多创新产品的推出离不开设计人员和建造人员，如瓦特改良蒸汽机、怀特兄弟发明飞机都离不开他们的技能。一个人未来要有所作为需要具有一定的技能，而不仅仅是能力。技能是具有一定专业度的，我们常说具有一技之长的人不愁找工作，甚至工作找上门。根据技能的专业化程度，可以将技能分成不同的层级。

第一层级，英文表示为 ability，指的是你有能力做这件事，表示你有解决这个问题的资格或本事。

第二层级，英文表示为 competence，表示你具备了一定的能力，比普通人强，很像业余爱好者的层次。

第三层级，英文表示为 expertise，表明你是专业的，具备相关的专业技能，掌握了专门知识。

第四层级，英文表示为 expert，即专家，说明你在这个领域是非常突出、拔尖的人物，此时已达到技能巅峰状态。

当然，在一个人具有第四层级的技能后，也需要为自己寻找机会展示自己的技能。即使姜太公这样的人物，他为实现“愿者上钩”的目标，也做了不少幕后的推销工作，求贤若渴的周文王也因此意识到有这么一个直钩钓鱼的老者，见识非常了得，必须去拜访。因此，一个人既要具备技能，又要会展示技能，方能让自己的技能产生更大的价值。在信息时代，信息技能是非常重要的，主要体现在信息检索、搜集、处理、分析和应用等方面的能力。

3.3.1.3 经验

经验指在过去的失败和成功中学习积累的感悟。经验对一个人的影响是很大的，人们很大程度上是基于过去的经历形成的经验来做决策、影响未来的。经历越丰富的人，通常信息接收、处理、内化和应用的能力也越强。在我们对企业家的研究中发现，大多数成功企业家，特别是白手起家的企业家，几乎个个都是摸爬滚打出来的，没有前期经历的失败、感悟，不可能有后来的成功。而且这类人是非常懂得反思的，能够从失败的经验中迅速吸取教训。

曾有研究表明，高净值人群分代际来看，第一代能力最强，凭借自身能力拼杀出来一片天地，第二代受到第一代的影响，接班后仍然能够管理得井井有条，但第三代的能力就明显弱化了。所以在发达国家私人银行非常火，他们的工作职责就是为高净值家庭延续其高净值的地位，也就是保持他们家族一直有钱，帮他们理财。特别针对第三代高净值人群，这种私人银行对他们是非常有价值的，自己能力不强，通过私人银行代管，使资产仍然能够不断地增长或保值，始终属于高净值人群中的成员。但在我国这个行业还没有发展起来，主要是信任关系尚未建立好。但目前我国高净值人群中，可投资闲钱在一千万元以上的人群超过 130 万人之多，因此未来这是一个可发展的行业。从高净值人群代际分析也可以看出，失败和挫折性经验对一个人的成长是非常重要的。

3.3.1.4 价值观

本书认为，价值观是一个人潜意识中对是与非、正确与错误选择的判断。这个能力受到一个人直觉的影响，对一个人的决策能力有很大影响。在我国历史上，出现过形形色色的帝王，其中比较出色的都是具有较好是非观的人。譬如，刘邦、朱元璋起义的同时，很多人也领导了起义，但最终为什么只有他们能成功？而陈胜吴广起义六个月后就众叛亲离，实力远远超过刘邦的项羽，落得四面楚歌、霸王别姬、自刎乌江的结局。与朱元璋同期起义的陈友谅和张士诚也是反元的两股强大势力，但最终一一被朱元璋打败，原因是什么？就是判断是非的能力不一样，谋士的建议哪个该听，哪个不该听，哪一个是对的，哪一个是错的，这种理解和决断能力非常重要，且受到价值观的影响。一个具有好的全局价值观的人，往往胸怀宽广，更善于思辨。

3.3.1.5 社会网络

社会网络，即一个人与环境、传统文化的和谐度及人际关系等。人是社会的人，虽然我们说中国关系文化太严重，其实在国外也是一样，谁都愿意在符合条件的情况下用熟人，用自己有所了解的人，因为这样风险更小一些。

同时，任何职位、任何工作都是离不开社会网络的，都需要与他人进行协调。以信息系统分析员为例，其需要与形形色色的用户打交道，了解用户的真实需求和对系统设计的满意度；需要与领导打交道，了解领导对系统的需求，支持他们的决策；需要与供应商打交道，与他们实现信息共享；需要与业务经理打交道，了解业务处理的信息化需求；需要与网络管理员打交道，使系统网路互联顺畅；需要与数据库管理员打交道，使系统便于数据库管理员的管理；需要与编程者打交道，让他们真正理解设计，保证系统功能的实现；需要与界面设计员打交道，确保设计界面的友好性等。这正是社会网络能力的体现。

3.3.1.6 转化能力

转化能力体现为显性与隐性知识的组合和转化，知识与能力（Competence）间的转化。显性知识转化为隐性知识主要在于一个人的学习能力、理解能力。隐性知识转化为显性知识则比较难。隐性知识往往存在于人的大脑、意识中，难以表达，但一旦显性化，便更易于掌握和传承，在企业中需要重视隐性知识转化为显性知识。我们今天常用的各种理论，大家认为并不难，生活中处处可见，稀疏平常，甚至是众所周知的，譬如经济管理领域的边际效用递减理论、波特的 PEST 分析、五力模型分析等，但在提出者之前没有人能够用模型、抽象化的方式表达出来，就难以显性化地传承。做理论研究的目标之一就是在对相关理论理解透彻的基础上拓展思考，把没有表达出来的部分或新的内容抽象表达出来，这一过程就是转化能力得以锻炼和培养的过程。

知识与能力之间的转化非常像理论应用于实践的转化，需要在实践中应用理论，增强解决实际问题的能力，并从实践中总结新的经验，形成新的理论。其中常用的方法就是干中学，师傅带徒弟的方式，在老员工的帮助下，逐步提升新员工的能力。在无先前经验的情况下则只能摸着石头过河，在失败中吸取教训，不断改进。在这个过程中，良好的信息素养，查询、获取和学习新信息与新知识的能力非常重要。

3.3.2 组织信息能力

组织机制、组织制度、组织文化、组织流程等均是组织能力的重要影响因素。组织的总能力源自于迅速学习新的流程和技能、贯穿组织的开放式交流、共享和提升内部知识、不断吸收组织外部知识及组织结构的灵活性和适应性。《哈佛商业评论》曾指出，战略性的组织能力是从建立关键业务流程的环节转化而来的，可见，以流程为导向的管理对组织能力的提升是非常重要的，组织信息能力同样需要以流程方式注入组织的方方面面。

借鉴知识管理的思想，组织信息能力主要体现为组织获取信息的能力、学习和吸收信息的能力、整合改造信息的能力和应用信息的能力。这些能力的打造，首先需要企业采取开放式交流模式，愿意倾听外界的声音。这里用一个具体的例子来解释企业开放性态度的重要性。杰夫·贾维斯（Jeff Jarvis）是知名的媒体人和网络评论家，曾经担任许多知名媒体的顾问及创意总监，并两度被世界经济论坛选为全球百大媒体引导人。一次，他购买了戴尔电脑，为了方便，还加购了到付服务。但是，第一次开机新电脑就出了状况，而且每次打电话给客服部门都无法解决这一问题。虽然戴尔曾经派人上门服务，最后还是得把机器送回公司修理。这样往返无数次的过程让贾维斯的情绪变得非常恼怒，在自己的博客里写了一篇《戴尔烂毙了》的文章。他原本的用意只是想警告打算买戴尔电脑的人，也趁机发泄一下情绪，却没有想到，这篇文章带来意想不到的后果。从一开始只有几个网友在他的博客下面留言，渐渐地，人数增加到了上千人，后来这篇文章还被链接转载到各地区，戴尔的故事也就被上万人浏览，甚至发展出反戴尔俱乐部，荣登 Google 热门搜索的首页，引发了消费者的广泛讨论，也引发了主要媒体的关注。《商业周刊》甚至以研究单位的商业数据佐证，报道消费者对戴尔电脑满意度下滑，以及戴尔电脑在营运上的危机简讯。事情过了八个月之后，戴尔的态度产生了奇妙的变化，从一开始的视而不见，到后来成立官方博客，并且以开放的心态倾听顾客的声音，加入对话，以建立全新的顾客关系。戴尔就像浴火重生一般，通过从博客中获得的反映改善了客户服务的问题，让每个来店的顾客都能在最短的时间里获得满意的答案。戴尔的执行长后来语重心长地说，每个企业都可以从博客里学到很多，只要愿意聆听，公司就能迈向成长。贾维斯说，从这个事件里可以看到一种全新的企业法则，只要企业愿意张开双手，接纳会抱怨的顾客，他们就会成为你最好的伙伴。从上述例子可以看出，一个抵制外界信息的企业很难得到消费者的满意，获得市场，只有以开放的、接纳的心态接受外界信息，才能很好地利用这些信息，促进企业成长。

其次，企业需要注重内外部信息的管理。在内部，通过信息管理系统和知识管理系统，一方面以整序为目的，对经营相关数据信息进行存储、加工、整合和分析处理；另一方面以知识创新为目的，在对已有知识重组的基础上，鼓励知识共享、隐性知识与显性知识的转化和知识创造，构建学习型组织。在外部，通过竞争情报系统，监测和采集外部信息，适时做出战略调整。此外，企业在组织结构上，也需要搭建适合企业信息流通和效率提升的组织结构模式，特别是通过激发企业应用信息和知识，将创新思想通过新产品实现商业化。

3.3.3　信息技术能力

21 世纪以来，以信息技术为基础的平台飞速发展，企业的日常运营已离不开信息化平台的支撑，即使平台软件可以外包给第三方开发，但平时的维护和系统稳健性保障还是需要企业拥有一个强大的信息技术团队来完成。对于一个企业来说，其信息技术能力主要体现在以下几个方面：一是是否有综合性的企业信息管理系统和应用平台，信息技术的能力能否有效支撑企业运营，是否具有扩展的可能性；二是是否有稳健的运营团队，信息人员的技术水平和平衡程度如何；三是信息化设施的先进性，企业信息设施的年龄和陈旧程度；四是企业管理者和企业员工运用信息技术的能力；五是企业是否制定了整体的信息战略，对企业未来信息技术获取方式和改进方式是否有所规划，对企业内实际存在的或潜在的信息技术问题是否定期进行评估，是否制定了信息安全制度和政策等。通过以上五个方面可以评估企业的信息技术能力。

❹ 信息战略与竞争优势获取

在第 2 章中，我们基于对外部环境变化的分析，对信息战略做出的诠释是：根据企业的资源和能力，依赖于目前的竞争平台、积累的知识和获得的信息与情报，通过新的组合利用，做局与破局，为企业开辟新的途径，以更快的速度实现企业总体战略目标。信息战略是为商业战略服务的，相对于商业战略，信息战略更强调通过信息资源的应用，使企业适应竞争环境变化引起的竞争需求，包括竞争速度、竞争平台构建、竞争能力培养和竞争资源的获取。

企业信息能力构建是信息战略得以实现的关键。在第 3 章中我们对企业信息能力进行了解释，指出企业信息能力是充分利用信息技术和信息资源来控制、管理和协调企业内外部的联系和运作，对环境的变化做出快速反应的能力。企业信息能力需要从个人信息能力、组织信息能力、信息技术能力和内外部资源获取与分析能力四个方面进行构建。其中，信息技术能力是对信息能力的重要支撑环节，包括信息平台的搭建、信息平台的运营、先进信息技术的引进与应用。除了这个支撑环节，企业信息能力还体现在：获取能力，即内外部信息资源的获取与分析能力；吸收能力，即个人与组织的学习能力；整合能力，即信息与知识的组合与转化；应用能力，即知识与能力的转化等方面。

同时，我们要关注到企业信息能力是随着时代变化和信息技术整体环境变化而变化的。传统信息能力的价值主要体现在：①决策质量的提升，促使企业成为市场领先者或快速追随者。②提供高度集成的运作平台，提高对企业运营各环节的实时监控，减少盲点与黑箱，提高可视度和标准化运作水平。③加快信息传递速度，使信息传递不再受时空和人为障碍限制。④有效扩大企业规模。在信息平台的帮助下，信息的传递与共享不再受到地域限制，虚拟价值链可支撑大范围的运作，使企业可实现跨国经营和大规模经营。⑤增强各环节之间的协调程度，通过信息平台将企业各个环节、各个部门的信息进行集成，实现实时共享和关联，减少了部门间的协调成本。⑥提升企业反应能力，即通过实时信息传递，让企业能够第一时间对各环节的反馈做出反应，实现及时监测和纠偏。

2000~2010年，上述的信息能力在大多数企业，特别是制造型企业得以应用，充分体现了信息能力的价值。但近十年，互联网的快速发展和商业智能又带来了新的冲击，对企业信息能力提出了更高的要求。云计算让每一个信息处理器能够装入用户的口袋，物联网使人们可以遥控、监测远距离的物体，商业智能能够运用每个人的行为数据做出区域内群体的优化决策，工业4.0的出现能够使产品满足个性化的需求。信息传播平台，如微信、Facebook、微博、Twitter等让信息传播的阻挡墙已不复存在。在这些信息技术带来的环境变化下，企业应该如何应对呢？针对这一问题，与时俱进的竞争优势获取能力成为企业长久生存的关键。

4.1 新型环境下企业经营战略与信息战略的选择

有人曾拿四种动物来形象地形容企业的四类经营状况：第一类企业称为熊猫型企业，如我国目前有一些产业园区、孵化器和享受垄断地位的企业，这类企业自身核心资源比较弱，也无法充分调动商业圈内合作伙伴的能力，通常只能依靠低廉的劳动力成本、政策保护等因素，模仿跟进，求得生存，在大自然中和熊猫很类似，对环境的适应能力差，只有在自然保护区才能延续种群的生存。第二类企业为猛虎型企业，这些企业具有核心竞争力，能够在既定的轨道上不断创新，实现突破，但是不善于连接外部的资源和伙伴，生态圈优化能力较弱。例如，管理大师赫尔曼·西蒙曾对德国的一千多家隐形冠军进行了研究，这些隐形冠军大多定位于小众市场，或者生产中间产品，主要依靠自身力量不断进行技术创新，极少开展合作，但是很多年来一直保持高速的增长和超额的利润，很像凶猛异常、独来独往的老虎。第三类企业犹如蚁群。蚂蚁的特点是身躯弱小，但是有极强的协同组织能力，因此作为一个群体，蚁群的力量不容小觑。蚁群型企业也是如此，尽管作为个体，自身的核心竞争力不强，但是它们对产业的变迁趋势有着灵敏的洞察力，对生态圈伙伴有着强大的号召力，善于调动和利用外部资源为己所用。例如，Amazon在推出第一代电子阅读器Kindle时，硬件的性能和设计都差强人意，但是，凭借着对用户需求的理解和业内资源的组合，Amazon以生态圈取胜，产生了很大的影响。第四类企业我们称之为狼群。狼的速度和耐力都很出众，最难能可贵的是协作能力也极佳，这就使他们具有极强的适应能力。对应于企业，狼群型企业是同时具备竞争优势和生态优势的企业。苹果公司在市场上的一系列成就的前提是 iTunes 平台搭建成功和启动，包括首次提供了优越的用户体验及硬件加软件的服务方式，然而在这其中，苹果公司仅仅承担着看护者的角色，因为其只提供“硬件+软件”平台的合成，而硬件设备的附件产品与软件上的内容则由参与生态圈打造的第三方提供，至今，苹果公司的生态优势使其在众多的手机品牌的竞争中立于不败之地。再比如，Google 也同样是运用开放式平台将众多创新点引入企业，促进企业的发展。

通过前面的分析我们知道，在当今的信息环境中，企业的创新很容易被别人学走，资源共享变得更为便利，独大的老虎型企业越来越难，在这种情况下，企业更需要以开放的姿态，形成生态网络，合作创新。作为第三类和第四类企业，需要更关注外部价值链的构造和整体信息的集成，只有这样才能更适应于在当代信息环境中发展。但是，要成为成功的第三类、第四类企业，难点在于如何时刻把握产业的变迁趋势，如何能够顺势而为地开创新天地、抓住新机会。本章将在第二节介绍四种竞争优势获取的方法，即商业模式创新、挖掘蓝海、借势顺势和打造爆品。

4.2 竞争优势的获取

4.2.1 商业模式创新

企业成功如果不是技术革新带来的，就是经营方式的革新带来的，即使技术革新也离不开新型商业模式这个“坐骑”。正所谓“成功一定有方法，经营一定有思路”，所有成功的大企业都是从小企业秉持成功的商业模式一步步走过来的。从本质上说，沃尔玛其实是开杂货店的，可口可乐是卖汽水的，微软是卖软件的，国美是开电器店的，小肥羊是开火锅店的，但它们为何与众不同呢？只要你能找到成功的商业模式，并把商业模式的赢利能力发挥到极致，无论高科技、低科技都能成功。百度的竞价排名、蒙牛的虚拟经营、国美的多成分系统模式、海尔的专注服务、联想的多元经营、李宁的运动员品牌经营、娃哈哈的渠道联营，都是找到了适合自己发展的独特的经营思路和商业模式才得以发展壮大，并不断随着经营环境、竞争因素及消费者变化来调整和升级自己的商业模式。

那么，什么是商业模式呢？自 20 世纪 50 年代“商业模式”一词被提出，理论界对商业模式的定义一直未形成权威标准，但在商业模式的核心要素上已达成一定的共识，即认为商业模式应包含价值主张、价值创造、价值网络和价值获取①四个方面的内容，这四个方面内容既可以简化为“创造顾客价值”和“获取企业利益”两大基础任务②，也可以细化为价值主张、目标客户、分销渠道、顾客关系、关键活动、关键资源、伙伴承诺、收入流和成本结构九个构成要素③。在这一概念基础上，商业模式创新可以从内容、结构和情境三个角度划分为三类④。从内容角度看，商业模式创新可以定义为商业模式核心要素的变化，即改变商业模式构成中任何一个要素都可以视为商业模式创新；从结构角度看，商业模式创新可以来自于各要素间的优化配置，可以基于价值链、信息流、物流、商务流等重构商业模式结构体系⑤⑥。从情境角度来看，商业模式创新是在最新环境背景下，挖掘或开发顾客的潜在需求，创造并实现市场认可的全新价值主张的过程⑦。

综上，商业模式重在解决价值创造和价值摄取两个问题，可以在价值主张、营销模式、盈利模式和运营模式四个方面进行创新。其中，营销模式包含客户细分、渠道通路和客户关系等内容；盈利模式包含成本结构和收入来源两部分；运营模式包括核心业务、核心资源和重要伙伴的明确，并分析得出运营的方式。

4.2.1.1 价值主张

所谓价值主张，是企业通过其产品和服务所能向消费者提供的价值，能够

---

① Wirtz B. W., Pistoia A., Ullrich S., et al. Business Models: Origin, Development and Future Research Perspectives [J]. Long Range Planning, 2016, 49 (1): 36-54.

② 李东. 商业模式构建——互联网+时代的顶层布局路线图 [M]. 北京: 北京联合出版公司, 2016.

③ Osterwalder A., Pigneur Y. Clarifying Business Models: Origins, Present, and Future of the Concept [J]. Communications of the Association for Information Systems, 2005, 16 (1): 1-25.

④ 刘刚. 创业企业商业模式的多层次结构创新——基于战略创业的欧宝聚合物案例分析 [J]. 中国工业经济, 2018 (11): 174-192.

⑤ 高闯, 关鑫. 企业商业模式创新的实现方式与演进机理——一种基于价值链创新的理论解释 [J]. 中国工业经济, 2006 (11): 83-90.

⑥ 李长云. 创新商业模式的机理与实现路径 [J]. 中国软科学, 2012 (4): 167-176.

⑦ Jaakko A., Joel H., Henrikki T. Business Model Innovation vs Replication: Financial Performance Implications of Strategic Emphases [J]. Journal of Strategic Marketing, 2010, 18 (1): 39-56.

反映消费者某方面的真实诉求。这对于企业来说非常重要，直接决定了企业业务模式的选择和未来发展的空间。如铁路业，如果你仅仅以铁路业来看待，就没有竞争对手了，“铁老大”是垄断者，无人撼动其地位。但是一旦你认为是运输行业，则各种运输形式，如汽车、小客车、飞机、轮船等都可能会成为你的竞争对手，这时候你的客户群体也扩大了，你不得不考虑客户服务等多方面的需求。价值主张变了，视野就变了，运营方式也会随之发生变化。

企业的价值主张还会影响到企业品牌的塑造。茅台集团本来的价值主张是与众不同的高端白酒，并被人们熟知。但是茅台在一段时期居然推出了茅台红酒和茅台啤酒，这就有点乱了大家的认知，茅台啤酒一直是亏损的状态。因此，价值主张与定位是密切相连的，一旦人们对品牌有了较好的认知，价值主张最好与原本的认知保持一致。价值主张的最佳状态能使你的企业或产品成为一个代名词。譬如，星巴克的价值主张不是卖咖啡，而是提供一个第三空间的体验。因此，它的商业模式及其竞争关注点也不同。大家想找一个地方洽谈生意、商量事务时，马上会想到星巴克。如果仅仅定位为卖咖啡，星巴克肯定没有今天的成就。

4.2.1.2 营销模式

所谓营销模式，主要需要回答三个相关问题：第一，谁是目标客户及不同的细分市场；第二，渠道怎么构建；第三，如何建立客户关系。

一个企业的客户定位是很重要的，有时候客户是谁也很难定位。比如，药品生产商的客户是谁？是最终使用药品的病人，还是医院，或者药店？如果你考虑的是医院，药品生产商主要考虑的就是如何与医院建立关联，使自己的药品成为医院采用的药品；如果是药店，你可能会与店铺合作，或自己开设药店。

胰岛素是糖尿病患者所需要的，用来调节血液中糖分含量的一种药。过去，与其他医药行业一样，胰岛素生产行业主要关注有影响力的群体，即医生。由于医生对糖尿病患者选择何种胰岛素的影响力很大，他们自然地就成为这个行业的目标客户群。药品生产商生产的产品也多是为有医生和护士在场的情况设计的。相应地，在医生提高药物质量的要求下，这个行业将注意力放到提高胰岛素的纯度方面。到 20 世纪 80 年代末，提纯技术已大大改善。丹麦一家胰岛素制造商诺和诺德（Novo Nordisk）公司在研制出了所谓的“人类单体”胰岛素后，打破了这一传统营销模式，将最终病人定位为客户。

客户定位不一样，产品的设计和渠道的选择也会有所差异。以往的设计是把药放在玻璃瓶里，需要专业护士把瓶口磨开，并帮助注射，这对病人来说很不方便，处理注射器、针头、胰岛素和依据需要调整剂量等都让患者不得不选择去医院。但一些患者由于需要，不得不每天注射好几次。诺和诺德生产的胰岛素从病人的角度进行设计，将这个药物制成诺和笔（NovoPen），由于每个人用的剂量都是不一样的，这个笔可以直接调到你需要的剂量，自己在肚皮上消消毒，一针扎下去就可以了，对用户来说使用非常方便，自己注射就可以了。它消除了使用胰岛素注射器过程中的不便，诺和笔这支看似钢笔的笔，包含了一个胰岛素容器，非常方便携带，一管的剂量差不多可以用一个星期，这支笔采用了整合的触动装置，即使是盲人也很容易控制剂量，使用胰岛素。这样，患者就可以随身带着它，而不需要担心针头和注射器带来的麻烦与尴尬。因此，药品的销售渠道也就发生了变化，可以直接卖给病人。因为这一产品，诺和诺德在全球终端胰岛素市场份额中占比超过80%。

诺和诺德一直在对诺和笔改进和创新，自1985年推出第一款后，1989年又再次推出了NovoLet，这是一种一次性的预先装满胰岛素的注射笔，它带有剂量控制系统，使用起来更方便、简单。1999年，它们又推出了Innovo。Innovo是一个整合的、带有电子记忆功能的注射管系统，它通过内置的记忆来管理胰岛素的注射，并且可以显示本次剂量、上一次剂量和已经使用的时间，这些信息对于降低患者的风险，避免错过注射很有帮助。在诺和笔的带动下，诺和诺德也开拓了有关糖尿病患者护理的其他相关业务。

诺和诺德会经常组织一些公司年会，在每次的会议上，请来一些老用户讲自己的经历。2018年曾经有一个客户谈到自己从15岁生病，以为必死无疑，后来接触到诺和诺德的药，现在已经65岁了，不仅没有死，还能为自己的孩子带孙子，非常感谢诺和诺德这样的企业。同时他也提出了一些改进建议，比如胰岛素必须冷藏，如果要出去玩，他带起来就很不方便，有时候拿出来一定时间就不能用了，可是他并不知道每次温度变化是否已经让这个药不能用了，如果诺和笔还能直接告诉他这个药目前是否可用，提醒他药物是否变质就更好了。类似这样的客户反馈又成了诺和诺德进一步改进产品，实现创新的动力，这就是所谓的客户关系管理带来的作用，不仅提升了客户的忠诚度，还对产品的真实需求有了进一步的了解。

从上面的例子可以看出，营销模式，包括基于客户细分的目标客户定位、营销渠道和营销方式，以及客户关系的维护等，对企业是非常重要的，是商业模式设计中需要考虑的重要内容之一。

4.2.1.3 运营模式

所谓运营模式，即考虑如何通过企业内外部价值链的组合创造价值。企业一方面要分析企业的关键资源、核心业务，思考如何抓住价值链的关键环节；另一方面要充分分析外部资源，对可能的重要伙伴做深入分析，在自身资源不足的情况下，合作伙伴是企业成功运营的关键。

耐克（Nike）的轻资产运营模式可以说是典型的运营模式创新的案例。轻资产运营是网络时代与知识经济时代企业战略的新结构，是一种以价值为驱动的资本战略，强调以知识及其管理为基础的智力资本的作用和价值。这种运营方式以人力资源管理为纽带，通过建立良好的管理系统平台促进企业的生存和发展。以轻资产模式扩张，与以自有资本经营相比可以获得更强的盈利能力、更快的速度与更持续的增长力。耐克公司正是靠着轻资产运营模式快速成功的。

1972 年，菲尔·奈特创立耐克公司，并迅速将其打造为全球体育用品行业领先品牌，20 世界 80 年代推行“轻资产运营”模式，当时正值全球制造业向发展中国家转移的高峰时期。在美国市场，体育产品开始从专业运动员转向大众市场。耐克公司抓住了市场变革的契机，将产品制造和零售分销业务外包，自身则集中于设计开发和市场推广等业务上。这种模式可以降低公司资本投入，特别是生产领域内的大量固定资产投入，以此提高资本回报率，并实现快速的扩张。

在我国，1992 年中国优秀体操运动员李宁以自己的名字创立了体育用品公司，中国体育用品产业进入“品牌化”发展阶段。然而在最初的十年间，大多数中国体育用品厂商都还只是耐克“轻资产运营”模式上重要的 OEM 伙伴，并因此诞生了一批具有良好制造技能的 OEM 式工厂。在东南沿海的福建省晋江市，就有近 3000 家鞋类产品生产企业，从业人员超过 30 万人，年产 6.5 亿双鞋。尽管后来出现了来自晋江的安踏、喜得龙、德尔惠、乔丹、金莱克等品牌，它们依靠对耐克的模仿而迅速发展为中国本土体育用品市场上的重要竞争者，全球体育用品行业的竞争也越来越趋同于“耐克模式”，但超越耐克却非常困难。原因在于，耐克牢牢把控着这个产业链的重要两端，也就是这个产业链上最核心的环节——产品研发和营销策略。

耐克公司在 1980 年成立了研发实验室，带头人汤姆·麦格沃克甚至曾参与过计划修补北极海床沉淀物工程的“核心系统”。耐克公司研发实验室由生化及生理学研究专家组成，麦格沃克曾指出：“我们的工作就是用生化和生理学来解释人类的活动。”从 1995 年开始，耐克公司每年拿出 5000 万美元作为技术研发与产品开发费用，从生物力学、工程技术、工业设计、化学、生理学等多个角度对产品进行研究。公司还设置了研究委员会和顾客委员会，聘请教练员、运动员、设备经营人、足病医生和整形医生等，共同审核各种设计方案、材料，以求根据人体工程学改进运动鞋的设计。耐克公司也通过并购策略获得了一些新技术，如美国的泰特拉公司，该公司专业制造气囊材料，那些运用该技术的减振系列运动鞋对于耐克公司在 20 世纪 80 年代创造辉煌至关重要。在产品设计过程中，大量的详尽监测数据可以帮助耐克公司提高产品性能。比如，耐克公司实验室的资料清楚地记载着篮球明星乔丹与巴克利两人因弹跳能力及落地方式等因素的差异，各自落地时足部必须承受的压力的差异。耐克公司同样十分重视对消费者信息的反馈，一方面了解消费者偏好，把握市场变化；另一方面也有助于公司研发人员改进产品性能。在耐克公司“轻资产运营”模式中，高技能的研发与市场跟踪体系往往被“明星广告”策略所屏蔽。事实上，由于“轻资产运营”策略本身就是放弃了产业链附加值较低的制造环节，而基于下游市场的竞争又容易被竞争对手模仿与超越，因此，耐克公司的研发体系就不仅仅是一个纯粹的技术工作，而且是可以拿来标榜的商业噱头。

另外，耐克公司营销策略堪称行业典范，它总是在市场推广过程中表现出自己是一家充满活力的公司，每一款耐克鞋都充满诱惑力。然而，从营销策略的可复制性来讲，单纯的营销手段事实上最容易被模仿，这一点从当前主流体育用品市场推广方式中可见一斑。但耐克的成功在于它的营销行为不仅是让大家注意到其产品，更不断提醒大家耐克公司在做什么。1993 年，耐克公司与可口可乐、极品伏特加两家公司共同入选美国营销协会名牌殿堂第一批会员。以“名牌殿堂”的观点来看，所谓的名牌必须“持续成功、创造力高和开拓性强，对大众的生活形态造成重大的影响，同时可以成为全美企业学习的对象”。可见，耐克公司创造了一种不可被轻易复制的文化，所以，当你发现一些公司在模仿耐克公司的营销策略却并没有取得较好市场预期时，事实上可能它向消费者传达了许多错误信息。比如，耐克公司选择迈克尔·乔丹作为其核心篮球系列运动鞋的主代言人时，对于开拓目标市场很有帮助。然而就连乔丹本人也必须承认，他无法对足球界产生多大影响。可见，耐克在代言人的选择上也下足了功夫。

从耐克的例子可以看出，基于产业的价值链分析、抓住价值链中的关键环节、设计良好的运营模式，对整个商业模式的成功是非常重要的。

4.2.1.4 盈利模式

尽管企业不能为了盈利而存在，重要的是为客户提供满足特定需求的产品和服务，但离开盈利，企业将无法生存，盈利也必须是企业的最终目标。因此，商业模式创新中，盈利模式是不可或缺的，它与营销模式和运营模式相辅相成、相互影响。企业实现盈利的增长无非两种思路：一是尽可能地降低成本，二是尽可能地增加收入。前者需要控制性思维，实现节流，而后者需要开放创新式思维，实现开源。相比较而言，资金的流入，产生收入对企业来说更为重要，是盈利模式考虑的重点。这就需要企业详细分析自己的产品和服务，厘清所有利益相关者，找到真正愿意买单的客户，设计较好的盈利模式。

这里我们以吉列剃须刀为例。吉列（Gillette）是国际知名的剃须护理品牌，创办于1901年。到1917年，吉列品牌在美国国内的市场占有率已达80%，彰显出其在刮胡刀领域的领导地位。随后，吉列逐渐进入国际市场，并迅速成长为国际知名品牌，其剃刀和刀片一直受大家青睐，在全球市场占有率高达65%。2005年，宝洁（P&G）以570亿美元的价格换股收购吉列公司，使宝洁进军男士护理领域。那么，吉列是如何在众多剃须刀品牌中脱颖而出的呢？这关键是盈利模式的创新和在此基础上的产品和运营模式的创新。

吉列公司的创始人坎普·吉列（King C. Gillette）在创办吉列之前是巴尔的摩瓶盖公司的一名推销员。一直到40岁的时候，他的人生还没有任何起色，直到有一天，一个触摸的瞬间，让他产生了一个难忘的灵感，当时，他手托下巴陷入沉思，那刮不干净的胡须扎了一下他的双手，同时也刺激了他的思绪，他突然意识到每个男人都需要刮胡子，而刮胡子就需要剃须刀。一想到剃须刀，他顿时高兴地跳起来，联想到自己修面整容时的很多不便以后，他暗暗下定决心，一定要开发出一种“用完即扔”的剃须刀，来实现自己的发财梦想。在吉列之前，市面上的剃须刀片都是很厚的，每次钝了就需要磨，非常麻烦，即使是在酒店住一晚上的情况，刮胡子也相当费事。吉列以前营销的就是一次性耗材，所以有一次性耗材的思维方式，他立刻想到如果能有特别薄的刀片，实现用完即扔，岂不很是方便。

1903年，吉列开始销售可以替换刀片的剃须刀，但直到1913年，吉列仅卖出168片刀片和51把刀架。“一战”给吉列刀片带来了机会，战争使吉列刀片成了“军需品”，吉列亏本把一批吉列的剃须刀卖给政府，政府发给去打仗的士兵，这使美国士兵接受了吉列刀片。战后，士兵又带着它回到了各自的家乡。1917年，吉列刀片创造出1.2亿片销量的市场，市场占有率高达80%。

为什么吉列敢亏本销售呢？就是因为他有了一个新的商业模式思维，以刀柄为诱饵，将刀片这一后端耗材作为后期盈利对象，看到了后端庞大的利润来源。后来这种商业模式被人们称为诱饵模式。在诱饵模式中，诱饵产品一般是价格很便宜或者免费的，收益产品则是能为企业创造持续收益的。然而，收益产品也会存在被替代的风险，比如我们购买 A 品牌的自动铅笔，但当我们重复购买铅笔芯的时候可能会购买 A 品牌、B 品牌、W 品牌等任何其他品牌的产品。因此，吉列的成功还在于他后期一方面通过品牌的方式来增加认知度，另一方面不断创新技术，不仅刀架质量好，而且刀片也处于绝对领先地位，并通过专利来形成市场壁垒阻止竞争者进入。所以，收益产品必须有足够的实力来保证诱饵产品之后的收益能确确实实地收入囊中，不然就成了为他人作嫁衣。

随着时代的进步，商业模式也变得越来越精巧。“刀片+刀架”的“饵与钩”模式被人们不断更新出各种“搭售”模式。譬如，柯达的快速成像相机和专用胶卷、博朗的电动牙刷和可替换刷头、任天堂的家用游戏机和游戏软件、雀巢的咖啡机和咖啡，再如电梯和电梯维修服务间的关系、4S 店的汽车销售和车辆检修服务间的关系、手机和通话时间的关系、打印机和墨盒的关系等。

在今天，互联网行业更是对此商业模式进行了改进，形成双向平台模式：一边平台针对用户，实现低价引流圈粉，构筑用户基础；另一边平台针对商家，从商家实现盈利。譬如，Adobe PDF 的收费模式是对阅读方的用户免费、对内容制作的编辑方收费，雅虎当年的门户网站模式和 Google 的关键字广告模式也是对一般用户免费、对广告主企业收费的形式。

吉列的“刀片+刀架”的商业模式创新案例让企业意识到盈利模式也是可以改变的。其实，在商业环境中存在很多模式，每个伟大的公司必然有一套不同于其他同行的商业模式。苹果公司是技术驱动型企业，它们选择用技术来构建壁垒，带来生态的繁荣。安利是销售驱动型企业，选择的是先与用户心对心地沟通，再获取利润。沃尔玛（Walmart）是通过构建物流中心，利用区域网络规模化运营，降低物流成本，获取利润。选择怎样的模式，关键看企业具备什么样的资源和能力、什么类型的产品，模式没有对错，只有适不适合，商业模式任何构成部分的创新都可能带来企业一定时期的竞争优势。

综上，商业模式是从“创造顾客价值”和“获取企业利益”两方面出发，可以在价值主张、营销模式、运营模式和盈利模式等方面进行创新。在实际中，无论从哪个方面的创新入手，都需要四个方面共同调整配合，因为这四个方面相辅相成，最终形成的是商业模式的整体创新。商业模式的成败就在于这四个方面内容是否协调好、配合好。如果仅仅把一个方面做好，而忽视了另外几个方面，则必然会失败。

4.2.2 挖掘蓝海

所谓蓝海，是相对于红海来说的，红海就是竞争非常激烈的领域，其中的企业总是千方百计打败竞争对手。蓝海战略就是要避开红海区域，不把重点放在竞争上，而是放在重建、开拓一个新的无人争夺的空间。发现蓝海，就是发现无人涉足的新空间，形成“海阔凭鱼跃，天高任鸟飞”的局面。

发现的蓝海往往需要配合好的商业模式，一个好的蓝海形成的商业模式通常具备三个特点：一是资产轻，在保证有效地创造用户价值的前提下，资金的投入量越少越好；二是易放大，即企业规模的增长要快于资本和人力的投入；三是难模仿，即商业模式有进入壁垒。

红海战略与蓝海战略刚好对应，红海战略是在已经存在的市场内参与竞争，争夺现有需求，现实中很多小企业都是在红海中通过一定的竞争优势扎根，但是红海扎根毕竟利润空间是非常有限的。蓝海战略重在拓展非竞争性市场空间，规避竞争，创造并攫取新需求，从而打破以往的价值与成本互替定律，获取高额利润。

尽管蓝海战略与差异化战略非常相似，但这种重建主义与波特的结构主义是不同的。结构主义是把现产业分析清楚，依据自身的优势、劣势来匹配寻找突破点，使自己比竞争对手在某方面更胜一筹，但并没有跳出原有的结构。而重建主义是将所有要素进行重新组合、删减、增加等来构建一个与原来完全不同的策略，甚至重建市场边界，超越现有需求，克服关键组织障碍。这就仿佛是一门内功大法，它不教你具体如何去做，比如怎么去做品牌、怎么去做营销、怎么去写好一篇文案这样一些表层的技巧，它给你的是一整套完整的商业世界观，教你如何去从企业最根本的价值链和成本结构来对企业商业模式进行分析。这种方法，即使在竞争激烈的很多产业，也能发现许多值得开发的新市场和新产品。

蓝海战略简单来说就是用加、添、减、删的方式，重新去分布企业在各项维度上投入的成本，重塑企业的成本结构，进行价值创新，具体可以分为三个步骤：

第一步，构造战略布局图。战略布局图的构造思想类似于价值链分析，首先需要将主要的价值活动或元素罗列出来，然后根据已知市场竞争的现状，明确竞争对手把资金投入何处，在产品、服务、配送各方面产业竞争正集中在哪些元素上。它的作用是让我们关注到业务的全景，而不仅仅是个别数字上。

第二步，四步动作框架。当罗列出所有的活动、元素和可能影响因素后，需要仔细考虑这些中哪些是应当被剔除的，哪些可以减少到行业标准以下，哪些应该增加到行业标准以上，哪些尚未提供，应该被创造出来。通过这样的分析，一种新的商业模式就可能产生。

第三步，探索创造蓝海的海洋。在第二步的基础上，进行发散思考，探寻可行的商业模式。此时，企业经营者们不应总是盯着边界内的市场，而是应该采用系统的方法，超越界限去开创蓝海。他们应把眼光放在更多的行业、更多的战略业务、更多的购买群体，提供互补性产品和服务，超越行业现有的功能性或情感倾向，甚至应该超越时间。只有这样，企业才能获得重建市场空间、开创蓝海的新视角。

4.2.3 借势顺势

当企业有目标时，就期望寻找最合适的方法来实现目标。但很多情况下，仅仅靠企业自身的资源和力量是没有办法达到目标的，这时借势顺势可以达到事半功倍的效果，从而帮助企业实现目标。这里，可以把“势”理解为“趋势”或“机会”，顺势就是指有效利用和把握机会。借势需要充分利用外部资源，能成大事的人、成功的企业其实都不是靠自己的蛮力，而是善于借助外部的力量。借势顺势并不是否认自己的努力，相反，只有通过努力做好准备的企业才能够很好地借势顺势。借势顺势给予了方向，企业应当与外部环境形成的趋势保持一致，顺势而为，而不要逆流而上。

从很多成功的企业可以看到借势顺势的重要性。1998 年由五个年轻人共同成立的腾讯计算机有限公司在早期是靠模仿创新生存下来的，它模仿的企业很多，如腾讯 QQ 模仿 ICQ、腾讯 TM 模仿 MSN、QQ 游戏大厅模仿联众、QQ 对战平台模仿浩方对战平台、QQ 团队语音模仿 UCTalk、腾讯拍拍模仿淘宝、财付通模仿支付宝、QQ 拼音输入法模仿搜狗输入法、QQ 播客模仿土豆、超级旋风模仿迅雷、QQ 交友中心模仿亚洲交友中心、腾讯滔滔模仿 Twitter……腾讯这种模仿方式并不是唯一，整个互联网的发展模式几乎都是在模仿中创新，逐渐成长壮大的。而腾讯这种借势顺势、亦步亦趋地跟随，然后再通过细致地模仿创新，接着绝地反超的方式，显然比突破式创新来得更为稳妥。

但借势顺势中，比较难的在于如何去把握趋势。这需要首先用战略眼光去把握趋势，然后做好相应准备，辨识外部环境中的机会，抓住时机行动，也就是做好四个环节：审视、准备、辨识和行动。乔布斯就是一个能够把握趋势的人，当他重新回到苹果公司，下手扭转了公司业绩下降的颓势之后，几年时间一直处于蛰伏状态。有人问乔布斯为什么没有动作，乔布斯说他在等机会，要做下一件大事，但时机不到。其实他一直在积蓄力量，同时等待机会窗口的来临。后来当触屏技术出现，他立刻抓住机会，快速行动。所以，趁势而起，破局而出，关键是要赶对节奏。在机会窗口出现时，要能够把所有的资源恰到好处地利用起来，及时出击，一举成功。

当然，我们并非乔布斯，对于普通的我们来说，要抓住机会窗口是非常难的，特别是小企业自身资源有限的情况下，难以调用资源对外部环境进行检测。此时，盯住行业内的关键企业是简单而又有效的方法。正如“智猪博弈”中，小猪永远不会做出按按钮的选择，他知道搭大猪的便车才是最有效的。大公司通常都会有力量、有专门的人员去研探趋势。国家如果出台政策，大公司也能够最先抓到这个政策信息，去解读政策、利用政策。实时关注大公司的动态，及时做出反应对小公司来说是借势顺势的有效方法。

4.2.4　打造爆品

爆品是引爆市场口碑的产品。每家公司都希望打造出几款爆品，因为爆品不仅可以迅速提升业绩、带来利润，还可以吸引大量客流，提升企业知名度。然而爆品的打造并不容易，它必须具备三个条件之一：第一是该产品必须是一个极致的产品；第二是产品具有杀手级应用；第三是产品能够产生爆炸级的口碑效应。我们可以从一些实例中看出这三个条件的重要性。

1908 年福特推出的 T 型车和 2007 年苹果 iPhone 的问世，都是在红海中产生出的超级爆品，这两个产品，不仅将自己引爆，更是改变了整个行业格局。T 型车是世界上第一种以大量通用零部件进行大规模流水线装配作业的汽车，由于规模化，边际成本下降，所以福特这辆车的最初定价只有 850 美元，比当时其他车便宜了 2/3，而到了 1920 年，价格降到了 300 美元，大概相当于今天的 23000 元人民币，做到这个价格，是竞争对手望尘莫及的。从个性、美观等方面来看，T 型车并不占优势，但它依然是一个极致的产品，具有非常好的性能，可谓那个时代的超级产品。

iPhone 是苹果公司推出的世界上第一款多点触控触屏手机，操控容易，设计美观。尽管第一款 iPhone 手机存在电池寿命短等问题，但完全掩盖不了其对顾客新体验的满足感。因此，iPhone 受到众多消费者的青睐，并改变了手机行业的格局和发展方向，基于多点触控技术，乔布斯对手机进行重新定义，从而具有了杀手级应用。

产生爆炸级的口碑效应是爆品期望达到的目标状态。但爆品的核心在于用户价值，有用户价值才可以有海量用户，才有可能在海量用户基础上建立商业模式。在传统工业时代，构建口碑效用依赖于与顾客建立的信任关系，也许企业可以通过广告宣传，提升顾客信任度，构建口碑，但在互联网时代，顾客价值更为重要，没有顾客价值，就难以建立信任关系，因为顾客的评价很容易传播开来。如果产品价值不高，即使你大量做广告，负面评论也会在自媒体渠道蜂拥而至，因此产品重于营销。在拥有好的产品后，口碑效应还需要有口碑传播的支持。这里，我们以微信红包为例。微信红包原本是一个很简单的应用程序，是腾讯公司想把内部发红包的惯例改为电子红包形式，但随着产品新思路的引入，譬如将随机分配功能引入，抢多抢少随机分配，一下增加了可玩性，刺激了用户的参与，用户之间的传播是非常快的。2014 年，微信凭借红包这一爆品引爆了春节，一举奠定了微信支付能够抗衡支付宝的局面。其实，微信红包完全没做过广告，仅仅是根据口碑就引爆了朋友圈乃至全国用户，这与微信平台是离不开的。

在金错刀编著的《爆品战略》一书中，还指出打造爆品的三大法则：一是痛点法则，二是尖叫法则，三是爆点法则。

痛点法则是指产品需要满足用户诸多需求中最痛的那一需求点。基于痛点法则，找痛点是设计一切产品的基础，痛点并非简单的需求。我们都知道，没有需求就没有市场，我们买手机是因为我们需要手机来方便我们联络他人；我们买电脑是因为我们需要电脑帮助我们学习、工作或者在线购物；我们买衣服是因为我们需要衣服来遮羞与展示自己的魅力。但这些需求已经有太多的产品能够满足，你再满足它，仅仅是为用户提供多一种的选择。而痛点是特殊的需求，它是别的产品难以满足，又让顾客觉得不可或缺的需求，当你提供时，顾客会非要买这种产品不可。因此，满足痛点就能引爆顾客的购买欲望。当然，痛点也可以是性价比的组合。如小米移动电源之所以受到顾客青睐，就源于价格低、容量大、质量可靠、美观的金属壳等组合形成的高性价比。

尖叫法则就是产品要形成用户口碑。即使在产品早期，没有任何广告的情况下，靠用户的口碑就能实现冷启动。做产品，最难的就是从 0 到 10000 的过程，这就是产品的冷启动阶段。在互联网时代，只有产品够尖叫，你才有放大 10 倍、100 倍的威力。如果产品不够尖叫，光靠营销放大，是很难维持的。但如何能够做出尖叫的产品呢？金错刀提出了尖叫法则的三个行动工具：流量产品、打造产品口碑和快速迭代。流量产品就是用产品来拉动用户流量的方式。互联网公司做流量产品最常使用的一招是免费或者补贴。比如，美团、饿了么等的首单减 10 元、减 15 元等就是在吸引流量。打造产品口碑靠的是产品能够超越用户预期，就是在一星级的餐厅享受到五星级的服务，绝对超预期、绝对有口碑。快速迭代是指初始产品并非需要十全十美，只要有能够打造出口碑的效应即可，一些其他的改进可以在后期进行，再次推出下一代产品，进一步打造新的口碑效应。

爆点法则是指需要找到一个点来引爆。一个产品要想成为爆品，找到用户痛点是油门，找到产品尖叫点是发动机，引爆用户口碑是放大器。同样，形成爆点也可以通过三个环节来实现：第一步是形成一个核心族群，从引爆小众到引爆大众，即产品要有针对性的核心族群，如小米的核心族群是发烧友、苹果的核心族群是设计师、京东的核心族群是 IT 男、Amazon 的核心族群是文艺女生。找到核心族群后，第二步是引爆用户的参与感，让这些人参与到产品的设计中来。如小米会利用小米论坛，让发烧友在上面问问题、提意见，小米会根据这些问题和意见去改进自己的产品。也许很多企业有着这样的想法，但是真正做到的不多，而小米真的做到了与发烧友对话、沟通和意见采纳。第三步就是事件营销。所谓事件营销（Event Marketing）是企业通过策划、组织和利用具有新闻价值、社会影响及名人效应的人物或事件，吸引媒体、社会团体和消费者的兴趣与关注，以求提高企业或产品的知名度、美誉度，树立良好的品牌形象，并最终促成产品或服务销售目的的手段和方式。事件营销需要把握新闻的规律，制造具有新闻价值的事件，并通过具体的操作，让这一新闻事件得以传播，从而达到广告的效果，它已成为近年来国内外十分流行的一种公关传播与市场推广手段，集新闻效应、广告效应、公共关系、形象传播、客户关系于一体，并为新产品推介、品牌展示创造机会，建立品牌识别和品牌定位，形成一种快速提升品牌知名度与美誉度的营销手段。

本章通过一些实例，说明企业可以有选择性地通过商业模式创新、挖掘蓝海、借势顺势、打造爆品等途径获取竞争优势，而信息战略也需要为这些途径服务，获取相应的支持性信息，如不同领域的最新商业模式信息、新技术机会信息、行业价值活动的战略布局图分析、竞争对手信息监测与分析、爆品策划等，从而更好地通过信息与情报的获取、信息与情报的分析、知识创造、知识应用等帮助企业获取竞争优势。

5

信息战略指引下的竞争情报工作

竞争情报的发展与战略管理的发展密切相关，可以说，战略管理直接促发了竞争情报的兴起。战略管理通常被划分为战略制定、战略实施和战略评估三个过程，而整个战略管理过程则是一个多次信息反馈构成的闭环过程。竞争情报正是贯彻于战略管理循环的始终，是战略管理的导向和基础，这一原因确立了竞争情报的战略地位。

而后，随着市场竞争的激化、竞争理论的发展、军事情报的转移和从业人员的努力，竞争情报得到了广泛关注和蓬勃发展。在经济全球化和区域经济一体化的大潮下，作为竞争主体的企业开始把目光从内部转向外部、从国内转向世界，高度关注对环境的感知与应变能力的提升。20 世纪 80 年代兴起的现代竞争理论抛弃了古典经济学把完全竞争作为理想竞争模式，重点转向对现实市场竞争动态过程的研究。以波特为代表的竞争理论倡导者，确定了竞争情报工作的基本目标是为创造与保持企业的竞争优势服务，并将价值链理论作为获取竞争优势的基本策略，为竞争情报研究及理论建设提供了重要的基础和分析框架。冷战结束后，和平与发展成为全球的基本主题，经济竞争逐渐成为国与国之间关系的主要矛盾，因而一批具有先进技术手段和丰富实践经验的政治军事情报力量也转向了经济技术情报领域，成为竞争情报领域的先驱。近 40 多年来，信息战略和竞争情报从业者向公司管理层证明了竞争情报的价值，推出了正在进步的日趋成熟的框架体系和分析工具，以及联系全球各地竞争情报从业者的畅通网络。这种努力导致了一个学科的诞生与蓬勃发展，并使竞争情报从业者参与了决策过程。

前 4 章，已经从适应竞争环境、构建信息能力、获取竞争优势三个方面阐述了制定信息战略的意图。当企业从这三个角度，结合企业的商业战略，明确信息战略的内容和形式后，应当进一步明确信息战略过程，将信息战略予以实施。此时，竞争情报的工作流程可以被引入，来支撑信息战略的实现，并促进新的信息战略的思考。

总体来说，竞争情报可以从四个方面支持信息战略工作：一是促使信息战略得以实施。竞争情报工作包括情报规划、情报搜集、情报处理、情报分析和情报传播五个环节，这五个环节可以很好地将信息战略目标和内容转化为具体的情报规划方案，并展开搜集分析，推动最终的信息实践，从而促使信息战略得以落实。二是为企业提供预警。竞争情报工作强调在企业构建预警系统，能够实现环境监视、技术跟踪、对手分析和市场预警等。三是促进企业学习成长。竞争情报工作通过对竞争对手和产业环境的分析，可以了解最新技术，形成行业内的标杆，通过标杆比较、技术借鉴、经验学习等激活企业的学习机制，避免企业思想僵化。四是支持决策。竞争情报的最终目的是支持决策，包括并购决策、竞争方式决策、生产决策、进入新业务领域决策、开发新市场决策、技术开发决策等。

本章将重点介绍什么是竞争情报、竞争情报的发展历程、竞争情报的工作内容和竞争情报流程。从这些内容中，大家可以感知到竞争情报工作与信息战略密切相关。在后续章节中，我们将对竞争情报工作的五个流程如何实现分别进行详细的阐述。

5.1 竞争情报基本概念

竞争情报，英文为 Competitive Intelligence，简称 CI，也有人称之为 BI，即 Business Intelligence。战略与竞争情报从业者协会（Strategic and Competitive Intelligence Professionals，SCIP），即之前的美国竞争情报专业人员协会（Society of Competitive Intelligence Professionals）对竞争情报的定义为：竞争情报是一种过程，是对整体竞争环境的一个全面监测过程，在此过程中，人们用合乎职业道德的方式搜集、分析和传播有关经营环境、竞争者和组织本身的准确、具体、及时、前瞻性及可付诸行动的情报。我国著名的竞争情报专家包昌火老师对竞争情报的定义是：竞争情报就是关于竞争环境、竞争对手和竞争策略的信息和研究。它既是一种过程，又是一种产品。过程是指对竞争情报的搜集和分析；产品是指由此形成的情报或策略。

在上述两种定义中，重点需要把握三个方面：

首先，竞争情报是以系统和符合伦理道德的方式搜集和分析有关竞争对手活动，以及与公司发展目标相关的商业发展趋势工作。这说明，竞争情报工作与间谍是存在区别的，间谍（Espionage）主要利用非法手段获取情报，而竞争情报所用到的信息几乎都可以从公开出版物中获得，或以访谈的方式获得。

其次，为确保企业竞争优势，使企业在制定和实施战略规划时能够充分利用情报，竞争情报系统涉及知识搜集、分析、交流和共享，以及应用的全过程。这一过程其实是一个求知和解决问题的过程。毛泽东在《中国革命战争的战略问题》中讲过这样一段话："中国古代大军事家孙武子书上，'知己知彼，百战不殆'这句话，是包括学习和使用两个阶段说的。包括从认识实际中的发展规律，并按照这些规律去决定自己的行动克服当前的敌人而说的，我们不要看轻这句话。"毛泽东同志这段话的含义就是建议大家通过投身实践，了解实践，在实践中总结出规律，然后根据总结出的规律，制定新的对策，来解决当前问题。这句话也可以用来阐述竞争情报的作用，理解竞争情报和信息战略是相辅相成的，信息战略指导竞争情报工作的开展，竞争情报工作通过认识实际，再指导战略的思考和调整。

最后，竞争情报既是一种过程，又是一种产品。既强调竞争情报的搜集和分析过程，又强调最终形成的情报或策略及其应用。竞争情报中强调"知"这个字，这个字可以是动词也可以是名词。作为动词，就是获得知识的过程，包括具体求知的方法、动作和步骤；名词就是知识，英文叫作 knowledge。无知就是缺乏知识，后果就是盲目地行动。求知的目的不是仅停留在知道，而是应该深入到理解，再达到对问题有全面和准确的把握，最终与原有知识组合，形成新的知识，来指导行动。过程很重要，但最终形成的策略方案也同样重要。后者体现出对信息战略层面的支撑作用。

下面我们从一个经典的例子来理解竞争情报工作究竟需要做什么。

【案例】日本人获取大庆油田情报

中国在20世纪60年代发现了大庆油田，当时怕阶级敌人破坏，对油田的方位和产量等相关数据严格保密，对外只公布中国发现了大油田，储量很高，并配了全国人民欢呼的图片。美国和其他很多国家都以为中国在编造提升士气的虚假信息，但日本人认为这是真的，并且立刻想到中国没有油田的炼油设备，也没有石油的输出设备，一定会在不久后采购这些设备。为了促成这单生意，他们想知道中国油田的产量和方位，推断对设备的规格要求等。于是，日本人开始展开相关情报工作，调查此事。但当时中国守口如瓶。没想到日本商人通过公开的途径，最终准确地推测到了大庆油田的方位、地点和产量。他们是怎样做到的呢？

1964 年 4 月 20 日，《人民日报》登载了《大庆精神大庆助》的文章，肯定了中国有大油田，日本人把这一信息存储到计算机中。但是大庆油田在哪里呢？之后《中国画报》又刊登了大庆油田“王铁人”的照片。日本人从王铁人戴的皮帽子及周围景象推断：大庆地处零下三十度以下的东北地区，大概在哈尔滨和齐齐哈尔之间。随后，日本人又利用到中国的机会，测量了运送原油火车上灰土的厚度，大体上证实了这个油田和北京之间的距离。

不久后，《人民中国》杂志有一篇关于王铁人的文章，提到了马家窑这个地方，并且还提到钻机是通过人推、肩扛弄到现场的。日本人推断此油田靠车站不远，并进一步推断就在安达车站附近。日本人对中国东北的地图非常清楚，从地图上，他们找到了马家窑是中国黑龙江海伦县东南的一个小村庄，并依据马家窑推测出大庆油田地址。同时，日本人又从一篇报道王铁人 1959 年国庆节在天安门广场观礼的消息中分析出，1959 年 9 月王铁人还在甘肃省玉门油田，以后便消失了，这就证明大庆油田的开发时间是自 1959 年 9 月开始的。

日本人又对《中国画报》上刊登的一张炼油厂的照片进行研究，那张照片上没有人，也没有尺寸，但有一个扶手栏杆。依照常规，栏杆高一米左右，按比例，日本人推断了油罐的外径，并换算出内径为五米，判定日炼油能力为九万千升，加上残留油，再把原油大体上 30%的出油率计算进去，判定原油加工能力为每天 3000 千升；一年以 330 天计算，每口井年产原油为一百万千升，大庆油田有八百多口井，那么年产量约为 360 万吨。这样，日本人就获得了有关大庆油田的关键性情报。

果然几个月后，中国政府开始向国际招标采购原油开采传输设备，有很多国家来竞标，中国政府当时和日本还没有建交，也对日本人没有好感，但是，当代表团把自己的情况介绍完毕之后，日本的设备是最合适、成本最低、交付时间最短的，最后还是采用了日本的设备。这样的结果不得不归功于日本人在情报方面做足了功课。

资料来源：笔者根据网络资料改编。

从上述的案例可以发现：第一，情报先知有着很高的价值；第二，竞争情报工作利用的是公开的信息，情报的获取是多方向的，但是要善于发现信息与信息之间的关联，展开分析。这种日本商人找大庆油田的方法在今天的信息网络时代叫知识地图法。通过将不同信息拼接起来，整理出相关问题的一幅完整结构图，就知道问题如何发生、该如何应对了。

此外，企业竞争情报意识的培养也是非常重要的。日本是世界上从事竞争情报工作最活跃和最有成效的国家。日本的情报意识、情报活动几乎渗入每一个日本人的血液。日本大公司，尤其是综合商社，通过在世界各地建立办事处，建立了强大的情报网络，通过学习与观察、研究与分析来获取情报。“二战”后，十几年时间内，日本利用情报力量，以秋风扫落叶之势，一跃成为第二经济强国。以服装业为例，在日本有为服装公司提供专业情报的情报所，其每年要做的工作是花大价钱向设在巴黎的世界服装流行协会购买流行情报，其中最重要的内容是流行色的色谱。在日本，最新的服装杂志一出版，人们立即就可以在市场上买到杂志上所介绍的最新时装。在巴黎举行的时装表演会上展出的时装，第二天就可以在东京的街头买到，这样的情报意识值得我们学习和反思。

5.2 竞争情报的发展

现代竞争情报产生于第二次世界大战后50年代末60年代初，当时日、美、欧发达工业国家和地区间的商业竞争促使竞争情报开始在商业领域得以应用。特别是20世纪60~70年代，日本制造业崛起，美国制造业渐次衰落，原因在于日本非常重视情报工作，并将美国科学管理理论完美地引入日本，生根发芽，于是美国学术界和商业界开始注重竞争情报工作的开展。80年代中期~90年代中期，美国制造业重振雄风，竞争力日增，竞争情报的理论与实践得到较大发展。以1986年美国竞争情报从业者协会的成立为标志，影响遍及世界各地。90年代中期后，随着信息技术和互联网的发展，许多大型企业竞争情报系统普遍建立并高效运行，竞争情报理论也更加完善和有效。

基于上述发展历程，细观竞争情报产生的背景，主要是受四个方面因素的影响：

(1) 环境背景因素。在20世纪80年代，世界格局发生变化，“冷战”结束，美苏两国之间的军备竞赛逐步被全球范围的市场竞争所替代，商业竞争成为各国关注的焦点，市场成为各种资源调配的核心。军事竞争情报方法的运用转移到商业竞争情报上。

(2) 科学技术，尤其是信息技术的突飞猛进为竞争情报的产生和发展提供了现实可能。以前的竞争情报只能派人出去搜寻、观察、交谈甚至卧底，即使是新闻也需要从报纸上进行剪辑、拼凑。但随着信息技术和互联网的发展，我们已经从信息匮乏变成信息泛滥，以前如何获取信息的难题已经转化为如何快速、准确地分析、提炼出关键性信息。

（3）理论背景。在传统的管理理念和营销模式下，企业主要从生产者的角度，更关注产品、价格、渠道、促销等方面的竞争情报获取。然而，随着营销理念的变革，以消费者研究为主要内容的市场研究应运而生，传统的4P理论已被整合营销模式下的4C理论所替代，以顾客为中心的理念使竞争情报不仅关注竞争对手，还需要关注客户的需求、与客户的沟通、给客户带来的服务、便利性，以及为客户节省成本等。这使竞争情报工作及其研究范畴更为广泛。

（4）竞争加剧。随着商业环境从供小于求转化为供大于求，企业间的竞争愈加激烈。企业一方面关注消费者需求，另一方面还需要关注竞争对手，要比竞争对手更好地服务于消费者才能在市场中立于不败之地。简单地说，在今天这样一个世界范围内激烈竞争的条件下，只从本企业的情况出发来做决策的做法已经不能适应企业的需要，你的成功取决于你在整个市场中的地位。因此，企业需要通过竞争情报工作在竞争环境中确立明确的目标和对手，对自己和对手的优势和劣势有清晰的认识。

在以上四个方面因素的影响下，竞争情报工作开始得到企业的重视，企业从最开始只有一个资料室，被动或间断性地进行竞争情报活动，逐步演变到建立一个竞争情报部门，但人员往往是兼职的，他们开始利用图书馆和数据库作为部分资料来源。后来，随着高层领导人的竞争情报意识的提升，公司设立1~3名专职竞争情报人员，开展情报信息的处理和战略竞争情报审计工作。随着这部分工作在公司战略决策中起到的作用越来越明显，公司开始构建较为成熟的竞争情报部门，有专职情报分析人员，并在不同部门设置相应人员，形成公司情报网，竞争情报意识开始在企业制度、文化、组织部门、流程等各个环节渗透。进入20世纪90年代，很多大型公司都有了独立的竞争情报部门。一些小型公司虽然没有独立的竞争情报部门，但也开始向一些咨询公司采购竞争情报产品。这使竞争情报服务发展成为一种产业。1986年，美国竞争情报从业者协会（SCIP）成立；1990年9月，欧洲由35家公司发起成立了一个竞争情报专业人员协会，称为SCIPEUROPE；1992年，日本工商竞争情报专家协会成立；1993年2月，澳大利亚正式成立竞争情报人员协会；1993年4月，中国成立中国竞争情报研究会（SCIC）。

5.3 企业竞争情报工作的内容

除了有特定目标的信息战略指导下的竞争情报工作外，通常企业竞争情报工作包括四个方面的内容：分析企业竞争环境；研究企业竞争对手；确立本企业竞争优势，辅助制定本企业竞争战略；做好反竞争情报工作。

企业竞争情报各部分的工作是一个相互融会贯通的整体。竞争环境和竞争对手分析是制定竞争策略的前提，相互之间又互为补充。竞争情报活动和反竞争情报活动之间也有许多相通之处，如在反竞争情报工作中调查监视对手对何种情报感兴趣，也能够同时获取竞争对手的行动计划，而这些正是竞争情报活动所要搜集的内容。竞争情报活动中，在研究竞争环境时对法律法规的了解同时也是反竞争情报中有效利用法律武器保护企业自身利益的依据。具体而言，竞争情报工作会重视任何能使公司保持竞争力的信息和知识，包括客户情报、产品开发、品牌价值、新技术、销售和营销情报、法律法规等。

上述四个方面的企业竞争情报工作内容包含三个方面的行为：一是信息搜集及连续监视行为，二是信息分析过程，三是生成信息产品。

信息搜集及连续监视行为强调企业需要对自身、竞争对手、客户、供应商、经销商及其他行业力量的相关信息进行采集，并连续监视。这项工作应该成为企业整个战略管理工作的一个组成部分，它有助于企业保持对行业发展及竞争活动的高度警觉，使企业及时采取准确的行动。

信息分析过程是企业竞争情报工作的核心。它将原始资料转化为相关的、准确的、实用的战略知识，以满足用户对了解竞争环境的需求，从而制订出获得竞争优势的战术或战略计划。

生成信息产品是企业竞争情报工作的最终目标。企业竞争情报工作应重视其产出，即为企业提供重要的竞争情报。这是一类特殊的情报，它可以是一种有关企业自身及某个竞争对手当前地位、以往业绩、能力、发展趋势的情报，也可以是一种关于市场内各种推动力量的情报，它可以是针对某个产品或技术的情报，也可以是针对市场外却对市场产生影响的环境因素如政治、经济、法律、人口等方面的情报。但最终生成的信息产品中的情报一定是对企业至关重要，需要企业高层引起重视的。

企业竞争情报工作到底需要做到什么程度？最终生成什么样的产品呢？下

面的一个案例似乎给予了我们答案。

【案例】是否应该开拓非洲市场

美国曾经有一家制鞋厂想开拓非洲市场，但是公司对非洲的情况并不了解，于是打算先派一些营销人员去了解非洲人对鞋的需求。

第一个营销人员被派到非洲后，不久就发来电报说非洲这里的人不穿鞋，也不想买鞋，没有市场。

公司又派了第二个营销人员，这个人在非洲待了一个礼拜，发回电报说这里的人不穿鞋，但市场巨大。

公司再派第三个营销人员到非洲，这个人足足在非洲待了三个星期，发回电报说这里的人目前是不穿鞋的，但有脚疾，他们其实是需要鞋的。不过呢，我们现在生产的鞋太瘦，不适合他们，我们必须生产宽松一些的鞋。另外，这里的部落首领不让我们做买卖，除非我们对他们提前采取一些营销行动，向他们献上一些财物，其实就是实行商业贿赂。据我调查，估计需要投入大约 1.5 万美元他们才能放开市场。每年大约能卖两万双鞋，所以在这里卖鞋可以赚钱，投资收益率预计为 15%。

从上述的案例大家一定能够感受到什么样的情报是有价值的情报。三个营销人员中，第一个人显然不是好的营销人员，他只是一个收取订单的人，没有订单就无所事事。第二个人也不是合格的营销人员，充其量是一个优秀的推销员，因为在他看来非洲人不穿鞋，就一定可以让他们穿上鞋，也就说生产者可以推销任何东西，尽管那里的非洲人不喜欢，我也一定能说服他们穿上鞋。第三个人则不一样，他周全地考虑了客户的需求，如为什么他们需要鞋、需要什么样的鞋、怎样去卖鞋、收益率怎么样等。这样的情报才是我们所需要的。一个领导干部对第二个人发来的电报可以做出决策，但是很难操作，而对第三个人发出的电报却可以进行非常好的操作。

那么，情报产品应当满足什么样的标准呢？这里我们用五个关键词来概括，即及时、准确、适用、完整、经济。第一，情报要及时，先于对手，先于事物发生前。第二，情报要准确，一定要基于实际的调查，基于正确的事实。第三，情报要适用，不适用的情报没有用。第四，情报要完整，能够辅助高层做出正确的判断和可操作性的策略。第五，情报要经济，如果获得情报的成本超过了利用情报获得的额外利润，那情报也是没有价值的。

5.4 企业竞争情报工作的流程

理论上，企业竞争情报工作通常沿着“情报规划—情报搜集—情报处理—情报分析—情报传播—情报规划”这样一个大致的流程展开，如图 5-1 所示。竞争情报工作在企业应当是一个周而复始的过程，也是一个前后相继、互为关联的动态信息聚散过程，每一轮竞争情报工作又为下一轮竞争情报工作的展开奠定基础。

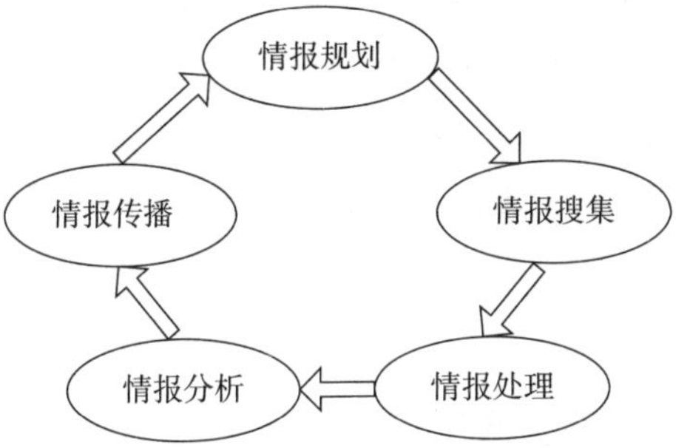

图 5-1 企业竞争情报工作流程

竞争情报规划是从企业全局出发，明确企业的竞争情报需求，确定竞争情报研究方向，分清各部分工作的轻重缓急，编制工作预算，制定工作要求。根据具体项目规划的原则，选择关键情报项目，使竞争情报研究与整个企业的发展战略和目标协调一致。竞争情报规划的主要步骤包括确定竞争情报研究目标、情报需求调查及诊断、制订工作计划并与用户交流三个方面。

情报搜集就是在竞争情报规划的基础上，结合信息源的类型和特点，确定信息源和信息搜集的范围，尽可能系统、全面地搜集信息，以为进一步的竞争情报研究提供基础材料和依据。情报搜集环节的关键任务是确定信息源和选择信息搜集方法。各种信息源在增进企业的竞争了解度上的作用可能有较大的差别，企业要想对竞争环境有深入的了解，通常必须采用较多的信息源，并在试探使用的基础上为不同的竞争情报需要寻找最佳的信息源。

情报处理的主要任务是对所搜集的信息进行初步加工，目的是使之由无序变为有序，成为便于利用的形式。例如，将搜集起来的信息按某个标准进行计算机分类、排序及建立有关竞争对手的文件档案系统等。这一环节包含着对某些明显重复或不符合要求的信息加以淘汰，和对不同表达方式的同类信息进行规范统一化处理的过程。

情报分析环节侧重于对信息进行精加工。该环节是一项综合性很强的思维活动。它直接或间接调用人脑的思维功能，采用科学的方法、手段和工具，以揭示、总结、提炼和运用研究对象本身固有的本质的规律。根据分析方法的不同，目前形成了较为全面的定性分析方法和定量分析方法，帮助情报分析人员能够较为有效地对情报信息进行分析，发现蕴含着的潜在规律和关联关系，辅助实现对未知情况的推断和预测。

情报传播环节是指将竞争情报研究的成果进行包装，利用一定的方式（如书面报告、通讯稿、口头报告、录像、光盘等）传递到最终情报用户（竞争情报产品的消费者）手中，并采用恰当的方式督促决策者利用。所以，这个环节也是竞争情报产品与服务生成和应用的环节。此外，为监测竞争情报产品的使用效果，还需要定期跟踪反馈信息，发现新的需求，为下一步的竞争情报规划奠定基础。

下面通过一个具体的案例来展示这五个环节形成的竞争情报工作流程是如何在实际中得以体现的。

【案例】是否建造造纸厂

曾经有一家日本公司打算在美国佐治亚州建一座造纸厂，但是建造造纸厂是否合适、是否能够盈利等，需要展开情报的调研分析，具体工作是这样开展的：

第一步，情报规划。目前，公司已经知道在当地有许多林场和一家造纸厂，但是对林场的规模有多大、现有造纸厂的生产状况等尚不清楚。如果想判断自己建造造纸厂是否合适，首先需要了解竞争对手的情况，如竞争对手目前生产能力如何。通过情报需求分析，在规划环节明确了此次情报研究的目的、对象、关键性问题和需要获取的情报如下：

研究目的：是否开设建造造纸厂。

研究对象：林场规模和现有造纸厂的生产状况。

研究关键问题：造纸厂的开工率（生产能力和实际产量）。

情报需求：从造纸厂开出的火车车皮的数量；

火车钢轨上锈迹的变化；

该工厂拥有的机器数量、型号；

机器的生产能力；

当地林场的规模。

第二步，情报搜集。在这一环节，情报人员思考上述需求的情报信息能够来自何处、如何去搜集。得出如下结论：

搜集途径和方法：派人获取车皮数量，运输次数；

找专业咨询公司，特别是化学、金属专家一同查看火车轨道锈迹变化；

对当地造纸厂员工进行询问；

通过机器制造商对机器生产能力进行判断；

从当地资源报告中查找当地林场的规模。

第三步和第四步，情报的处理和分析。其实这一环节在规划时就已经做了充分考虑，在这两步只是执行规划环节中思考的情报处理与分析方案。具体执行方法如下：

处理分析：从当地资源报告直接摘取信息，判断出当地林场的规模；

通过车皮数量、运输次数和火车轨道上锈迹的变化判断火车承载量；

火车一天运输次数乘以每次火车装载重量，可以判断纸的生产量；

根据机器生产能力和数量判断开工率。

第五步，情报传播。根据上述分析，形成分析报告，报告的结论是当地造纸厂开工率几乎饱和，当地有许多林场，规模很大，足够支撑再建一个造纸厂，最终决策方案如下：

决策：在此建立新工厂。

从上述案例我们看到这五个环节在一个情报研究项目中的具体体现。其中不难发现，情报需求分析的规划环节、确定情报获取方法的搜集环节和运用分析方法的分析环节是情报工作中的难点。

这个案例是一个典型的从规划环节启动的竞争情报工作流程。但在实际工作中，这五个环节究竟从哪个环节开始是不一定的，譬如企业可以通过情报搜集，对企业外部环境，特别是竞争对手予以连续的监视，必要时发出预警信号，随后启动情报处理分析，通过情报向高层管理者传递信息，形成下一步的情报规划，再深入展开情报搜集、处理、分析的工作。所以，这五个环节中究竟哪个环节作为初始环节，在企业中并不重要，但不论是哪个环节为起点，均可能推动下一环节的活动，并形成循环往复的状态。由于这五个环节是竞争情报工作中不可或缺的内容，因此它们也构成了竞争情报系统的核心组成部分。后面将对这五个环节展开阐述。

6

企业竞争情报规划

企业情报规划是在了解企业资源、环境和利益相关者的基础上，根据具体的企业战略，明确竞争情报需求，并针对这些需求选定竞争情报工作具体目标，实质性工作是选择课题和确定课题研究目标的过程。一般而言，在企业中，竞争情报规划有三层含义：

第一层，是在一个时期内，关于企业整个竞争情报工作的规划。它的制定一般是与企业总体规划同时进行，由企业的高层管理者参与制定，与企业的发展战略、经营规划、发展规划等并列一起，是企业总体规划的一部分。其主要是对企业竞争情报工作及其资源配置进行规划，包括竞争情报宗旨、任务、人员配置、机构设置、管理机制等内容，还包括企业竞争情报工作发展战略、发展路线等。

第二层，是指在具体的一次竞争情报专题项目开始前所做的规划。它只是针对某一次项目活动的目标、任务、实施方案、工作进度、意外防范等做出安排，往往由竞争情报部门或小组制定，主要包括用户的竞争情报需求（内容、范围、时间、进度等）、企业现有条件和资源、实际课题开展的情报需求等内容。

第三层，是指当一项竞争情报专题项目完成后，企业高层管理者会根据情报信息或成果，对企业的总体发展或生产、经营等某个具体环节的设想做出修正，即进行重新规划。

规划的这三层含义在实际中最为常见的是第二层，而第一层和第三层频率较低，且较容易被忽视，但第一层和第三层才是竞争情报战略意义的体现，更应受到高层管理者的重视。但不论是哪一层含义，竞争情报规划工作最终需要确定企业的竞争情报需求，明确关键性情报课题。

一般情况下，竞争情报规划工作需要确定竞争情报最终用户，调查了解用户的真实情报需求，确认具体的情报需要，明确关键情报课题，确定情报需要搜集的内容，制订收集计划，通过与用户的沟通确认，确保规划方案得以执行。本章将从竞争情报需求分析、关键情报课题识别、竞争情报规划原则和竞争情报规划方法四个方面对竞争情报规划工作进行剖析。

6.1　竞争情报需求分析

在竞争情报规划阶段，主要是对竞争情报需求进行分析，明确需要哪些信息，即需要采集哪些信息。然而，要做到这一点是非常不容易的，需要情报人员对多方面的知识和信息都有所把握，对竞争情报用户的需求有充分的认识，对竞争情报分析方法有所了解，才能准确地为企业提出竞争情报需求，明确关键情报课题。

6.1.1　竞争情报视野

在做具体情报需求分析之前，企业必须不断监测多方面的情报信息，为企业竞争情报需求分析奠定基础。那么，企业通常应当关注哪些方面的情报信息呢?

我国春秋时期著名的军事家、政治家孙武，早就在其《孙子兵法》一书中给予了讲解。其中，在《计篇》指出，战争必须“经之以五事，校之以计而索其情：一曰道，二曰天，三曰地，四曰将，五曰法”。这里的“道”指君主和民众目标相同、意志统一，可以同生共死，而不会惧怕危险，相当于企业内高层与下属员工有着共同的战略愿景、使命、目标和价值观。“天”泛指天象、天气等，即昼夜、阴晴、寒暑、四季更替。它们是作战必须考虑的条件，会影响军队战斗力与行军速度，却是人无法改变的环境，因此相当于企业所面临的产业外部环境。“地”指地势的高低、路程的远近、地势的险要程度、战场的广阔或狭窄情况、是生地还是死地等地理条件。它是战争直接面临的战场环境，类似于企业面临的产业内部竞争环境。“将”指统率将领的能力、才识。孙子认为，将领“智、信、仁、勇、严”，即足智多谋、赏罚有信、对部下真心关爱、勇敢果断、军纪严明，是为将之道，在企业中相当于管理者和组织资源。“法”是指行军纪律、制度、效率等，在组织中相当于组织结构、责权划分、人员编制、管理制度、资源保障、物资调配规则等。从《孙子兵法》的《计篇》可以看出，要想做出正确的决策，不仅要知己知彼，清楚自身资源，获取竞争对手的情报，还需要了解天时、地利等多方因素。具体作战中，孙武在《行军》篇还提出了相敌三十二法，指出要了解战场的敌情，第一要察知敌人采取行动的真实意图、什么是敌人的真实行动目标。第二要察知敌军士气的高低。第三要察知敌军的后期保障情况，比如粮食够不够、水够不够喝等。第四要察知敌将的统帅能力。当然，在孙武看来，众多因素是相互关联的，不能只知其一，不知其二，用于分析问题的情报必须是多角度、多层次、立体、全面的，只有这样才能促使分析人员做出准确、正确的判断和抉择。

相对于战争，商业竞争中也是类似的，需要调查分析多方面的情报，这些情报通常包括：

（1）企业内部资源，包括员工的组成、员工的能力、员工的需求、员工的士气、自身的资源、自身的能力、核心资源与核心能力等。

（2）产业外部环境，包括政策法规、国家大事、国际形势、经济周期、地方环境、人口结构、文化风俗、科学技术水平、未来发展大势等。

（3）产业内部环境，包括客户的需求、行业动态、潜在进入者、替代品、供应商等。其中，客户的需求既有现实表现出来的、能够被客户表达阐述的需求，还有潜在性的未知需求，需要商家创造开发，引导出客户的潜在需求，这类需求往往是由科学技术发展来引领的。行业动态中，要特别关注能够引领时代潮流，推动行业升级的新苗头。任正非讲过这样一句话，即过去的成功往往是失败之母，在这个瞬息万变的信息社会，唯有惶者才能生存。惶者一定是时刻关注动态变化，注重创新的。

（4）竞争对手分析。在产业内部环境中，企业最需要关注的是竞争对手，此时需要对行业内企业按照一定标准进行划分，形成不同的战略集团，对重要的战略集团和重要的竞争对手做跟踪性分析，了解对手的优势和劣势，对强大的竞争对手避实击虚，做他们不善于做的事情。

这些情报应当是企业长期不间断的、时刻关注的情报，它决定了一个企业的视野，也决定了企业的战略格局。有了这样的情报基础，才能够更好地做竞争情报需求分析。

6.1.2 情报用户需求分析

竞争情报需求分析要特别关注情报用户的需求，Douglas C. Bernhardt 在《克服竞争情报用户和竞争情报生产者之间的障碍》一书中指出，许多情况下，竞争情报团队专注于传递他们认为重要的信息，而不集中在他们的用户真正关心的问题上，这样生产出来的情报一般都被认为是失败的情报。这里的竞争情报用户通常包括企业高层管理人员、中层管理人员和基层管理人员。为了了解企业情报的真实需求，往往需要开展情报用户需求调查。正确识别与理解用户的情报需求是开展竞争情报工作的第一步。

当情报用户不同时，对情报的需求也会有所区别。一般而言，位于战略管理层的高层管理人员主要负责企业总体战略目标的制定、具体政策方针的把握和企业整体绩效的评价。他们面临的问题往往比较复杂，有着很多的不确定因素，没有可遵循的固定模型，属于难以度量的非结构化问题。需求的情报也较广，包括内部业务信息和业务报告，竞争者、客户、供应商、同行及市场变化、政治变动、技术发展等信息，不同事件的情报分析报告或摘要，下属员工的各种意见和倾向等。由各部门的职能经理构成的中层管理人员一般位于战术管理层，他们的任务是贯彻执行高层人员制定的重大决策、监督和协调基层管理人员的工作、制订年内计划等，面临的决策问题比较确定，所需信息类型较固定，易于掌握。基层管理人员通常是一线管理人员，位于操作管理层，主要任务是为下属分配具体的工作任务，直接指挥和监督现场作业活动，因此面临的决策问题更为明确，所需信息类型固定。

根据三类情报用户的不同需求，竞争情报的价值通常体现在三个方面：一是战略战术支持，即对战略决策的支持和对战术决策的支持；二是预警，对可能出现的机遇或威胁提供早期预警，包括竞争者的动机、技术上的新发现和政府行为动态等；三是对企业所处环境中相关对象的监测，包括对竞争对手的动向进行监控和评估，对技术跟踪和行业趋势的判断，对竞争环境中供应商、客户、合作伙伴等各利益相关者的监测与分析。

为了了解用户的情报需求，情报工作人员需要有针对性地对用户进行需求调查，具体可以采取问卷调查、访谈、小组座谈会、头脑风暴等多种形式。在这一过程中，不仅要关注情报用户已经表达出来的、较为明确的显性竞争情报需求，还要关注一些潜在的、隐性的竞争情报需求，主要指企业在其战略决策中需要，但并不能清晰表述出来，或是没有意识到的情报需求。为此，情报工作者需要在调查前做充分的准备，结合自身经验，对用户需求进行一定的引导，挖掘深层次需求。调查结束后，可以利用列表分析法，从人物、事件、时间、地点、原因、预期影响等几个方面，对情报问题和情报需求进行描述，整理出用户主要的竞争情报需求。

6.2 关键情报课题识别

关键情报课题（Key Intelligence Topics，KIT）是情报规划的重点和核心问题，对关键情报课题的分析过程实质是一个开展决策者需求分析，正确识别与理解决策者的情报需求的过程，它为情报需求分析提供了正式、有程序、有步骤的识别方法，其核心思想就是与公司关键决策制定者展开互动性的对话。关键情报课题的识别在本质上是一个课题选择问题，选题是研究工作的起点，往往关系到研究工作的成败。因为选题正确与否不仅决定了研究的目的和重点，而且也决定了研究成果的价值和大小，甚至从某种程度上也决定了工作将采用的主要方法。因此，关键情报课题识别对情报工作最终能否成功至关重要。一名有经验的情报经理将花费40%以上的项目时间放在定义情报问题、对情报活动的各个方面进行规划上。

关键情报课题主要是由美国中央情报局官员、美国国家科学技术情报官（National Intelligence Officer for Science & Technology）、美国竞争情报创始人之一的Jan P. Herring先生推出并引入商业活动的，是一种程序化的或者正式的情报需求识别过程，这一过程大致可以划分为五个环节，如图6-1所示。

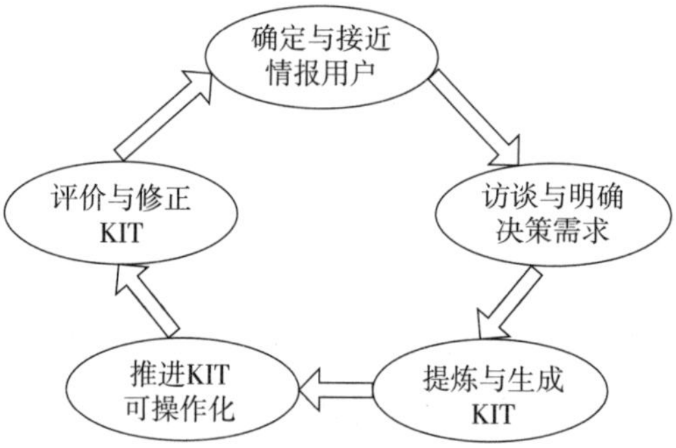

图6-1 识别决策者需求的KIT流程

（1）确定与接近情报用户。情报工作人员可以通过一些问题来判断关键的、需要接近的情报用户。譬如，谁是决定企业走向何方的人？谁是决定企业大方向的关键决策者？企业的盈利主要来自何处？谁是企业盈利的关键领域的关键人物？企业竞争压力最大的是哪个环节？谁是需要对竞争保持高度敏感和快速反应的关键人物？通过这些问题可以更容易地确定情报真正的用户，这些用户通常是企业的高层管理人员与决策者、战略规划与战略执行的专项负责人、核心业务部门的负责人、重要职能部门的负责人、部分经常参与企业战略决策的中层管理者，以及必须得到竞争情报支持的专业人员。

对多数情报工作人员来说，接近并直接访问企业的关键决策者或关键情报用户并非易事。这使他们难以深入有效地理解企业内部情报用户的期望，缺乏用户对情报的有用性与可用性做出的反馈，造成了企业中的情报工作与企业决策需求之间出现错位与误差，无法实现精确匹配。这不仅影响到竞争情报部门的发展，更让竞争情报工作丧失了对企业而言应有的价值。所以，对决策与决策者进行认识，缩短竞争情报工作人员与决策、决策者之间的差距，对竞争情报工作非常重要，只有这样，情报分析师才能用精确的、相关的、时效性的与没有偏见的情报产品来支持决策。

为了接近竞争情报用户，首先可以在企业内先进行关键竞争情报课题方面的知识宣传，组织一定的培训，获得相关用户的关注、理解与支持。其次，可以做充分的访谈准备，引导用户进入访谈程序，培养用户的访谈参与意识。最后，在企业中培养关键情报课题的文化，将其融入到相关用户的日常工作流程中，甚至可以定期召开有关关键情报课题的例会，通过竞争情报与决策者之间常规化的信息沟通与思想碰撞，达到广泛、深入和开放的交流。

（2）访谈与明确决策需求。在明确竞争情报用户，约定访谈前，要做好较为充分的访谈准备，拟定访谈提纲和调查表，然后与情报用户进行直接的、面对面的、开放的、深入的、可信赖的交谈，这是竞争情报人员获知决策者情报需求的主要和关键手段。

但在访谈中，依然会遇到很多问题，此时恰当的处理方式对访谈效果至关重要。譬如，当遇到沉默的、不喜言谈的经理人时，需要对访谈内容、访谈目的有较为充分的解释，在访谈中可以举一些类似案例说明访谈希望得到的信息，让被访谈者能够放松，并参与到访谈中来。若效果依然不佳，可以让经理人再帮助邀请相关人员参与到访谈中来。当遇到不能清楚表述需求的经理时，情报人员需要尽可能地举例引导，帮助决策者界定他们的情报需求。如果仍然难以界定，可以尽快给决策者提供竞争情报部门目前所能做出的、可能相关的情报课题的研究成果，用这些成果来帮助决策者确定其真实的情报需求。更糟糕的情况是经理人根本不知道自己需要什么情报，完全依赖情报工作人员告知他们到底需要什么方面的情报。此时，情报人员需要做好准备，为这些决策者提供应该了解的关键情报课题内容的清单，帮助决策者确定自己的情报需求。

（3）提炼与生成关键情报课题。竞争情报工作人员在访谈后，需要以访谈结果为原材料，整理、提炼形成情报研究课题。在此过程中，首先应当判断需求信息能够支撑的决策功能是战略和行动决策，还是早期预警，还是对市场关键参与者的调研，可以按照三种决策功能对决策者的需求信息进行归类处理。在具体情报工作中，这三类情报并不是互相排斥的，与战略决策和行动相关的KIT 价值最大，早期预警 KIT 效果最显著，市场关键参与者情报是基础。情报人员可以根据情报类型，选择关键情报课题。CI 经理在管理企业所有可能 KIT 项目时，也同时管理了用户的情报期望。

其次，情报人员可以整理出 KIT 中的关键情报问题（Key Intelligence Questions，KIQ），根据问题生成关键情报课题或更深入地理解关键情报课题。KIQ 可以说是一种对 KIT 进行细化分析的情报工具，常被应用于对 KIT 项目的关键要素进行理解与挖掘。情报人员一方面可以从用户提供的大量零散需求信息中提炼出关键情报问题，将众多问题进行聚类合并，生成研究课题；另一方面也可以针对用户直接提出的课题进行分析和解构，细化为便于操作的具体问题，进而展开后续情报操作。

（4）推进关键情报课题可操作化。由于受到各类资源条件的限制，在第三步中，生成的关键情报课题并非都能被执行，因此还需要在生成的关键情报课题中做出选择。具体操作中，会对初次生成的较多的 KIT 进行分类，根据 KIT 的内容，将类似的 KIT 进行合并，使最终剩下的 KIT 更为完善。然后，设定一定的选择标准，如重要性、时效性等，之后可以召开会议，让情报人员相互讨论，与 KIT 用户相互讨论，根据这些标准对 KIT 进行排序，选出可以得到执行的 KITs。

（5）评价与修正关键情报课题。CI 所确定的情报研究课题是否真实、准确地反映了决策者的情报需求，课题最后产生的情报产品是否可信、可行，表达形式是否容易理解，使用效果如何等这些问题，需要再次得到用户的反馈和评价，及时修正关键情报课题中的不足之处。

6.3　竞争情报规划原则与方法

竞争情报规划的原则主要体现在四个方面：一是目标性原则，即竞争情报规划一定要最终明确竞争情报工作的目标。二是充分满足原则，即规划出来的竞争情报关键课题能够实现竞争情报工作的目标。三是系统运筹原则，即在规划过程中要从系统角度充分考虑到不同因素之间的关联关系，合理安排竞争情报课题和竞争情报工作内容。四是成本核算原则，即企业开展竞争情报工作时，应以较低的成本获取可充分满足正确决策的信息情报，强调企业的竞争情报工作应采取现代的各种经济可行的方法，以相对低的成本获得企业竞争情报工作的高效益。若竞争情报工作的成本超出其能带来的收益，那竞争情报工作就是无效的、不经济的，因此成本控制对于竞争情报工作也非常重要。

在上述原则的基础上，通常采用的竞争情报规划方法有三种：

（1）战略集转移法。该方法是将组织的战略目标看成是一个由组织使命、目标、战略及其他战略属性与战略变量等共同组成的"信息集合"。竞争情报规划可以将组织的战略目标转变为竞争情报系统的战略目标，即将组织战略目标和人员需求形成的集合转移形成情报系统的目标、约束、设计战略等。

战略集转移法的大致步骤是：第一，识别出组织的战略集合；第二，描绘出与组织有利害关系的各类人员结构，如股东、经理、雇员、供应商、顾客等；第三，识别关联人员的要求、组织的使命和目标，定义组织针对每个关联人员的任务和战略；第四，解释和验证组织的战略集合；第五，将组织战略集合转换为情报系统战略，根据组织目标确定情报系统目标，对应组织战略集的元素识别相应情报系统战略的约束，根据系统的目标与约束提出竞争情报系统的战略。这种方法好处是目标比较全面，但较难突出重点，而且在实施中也会发现有些时候组织战略及其属性是难以度量的。

（2）关键成功因素法。关键成功因素是指对企业发展会产生重要作用和影响的因素，如行业的特殊结构、企业的竞争策略、市场地位和地理位置、环境因素、暂时性因素等。关键成功因素法就是经常性地度量那些管理人员关注的、对组织成功起关键作用的因素，并提供给决策者使用。该方法的好处是避免传统全面调查法的不确定和高成本，试图通过突破调查来确定组织的信息需求并进行系统规划，进而以最小的成本实现有重点的竞争情报工作。

关键成功因素法的大致步骤是：第一，了解和识别企业的战略目标；第二，识别与战略目标相关的所有成功要素，在众多要素中确定关键成功因素；第三，明确各关键成功因素的性能、指标与测量标准。在具体进行情报规划时，需要针对竞争情报项目列出尽可能多的影响因素，将其中不可测量的因素转化成可测量的参数，再从中选择对此项目影响最大，且最经济有效的几个参数进行测量。如在技术占重要地位的信息产业市场，应重点监测竞争对手的研发情况。但这种方法可能会使规划缺乏全局性。

（3）企业系统规划法。企业系统规划法是用信息支持企业运行，通过全面调查，分析企业信息需求，制订情报系统总体规划方案。该方法主要是通过采访企业各级管理人员，帮助他们提炼、归纳、汇总，并绘制出目标树，并在此基础上，利用层次分析法来确定主要目标，并据此形成情报系统目标。

企业系统规划法的大致步骤是：第一，确定竞争情报用户及其关键需求；第二，分析用户情报需求，挖掘并生成关键情报课题；第三，推进关键情报课题的可操作化，评价与修正关键情报课题；第四，确定关键情报项目后，情报经理人就应着手制订工作计划，在全面诊断企业现行的情报工作状态的基础上，根据时间限制与所需情报内容制订实施计划，并与情报用户交流，征求其意见，利用用户的反馈信息不断调整计划，使情报工作更贴近用户需求。

7

竞争情报采集

在竞争情报规划环节已经分析出需要采集哪些方面的信息，确立了关键情报课题，比如需要了解企业有没有新的竞争对手、竞争对手的行动如何、新市场如何选择、做哪些准备、目前市场有哪些变化、有哪些新的立法、新技术有哪些等。此时，需要进一步确定信息采集的途径、方法，并予以执行，即情报采集的工作。在商业环境和法制环境健全的今天，情报采集已不是间谍工作，几乎 90%以上的情报都来自于公共信息和已有知识，通过调查法与分析法的结合得到最终的情报，此时初始信息的获取也就是情报的采集是非常重要的。

情报采集也称为情报搜集，是竞争情报工作的关键环节，是整个竞争情报工作赖以成功实现的前提和基础。搜集过程中，涉及分析情报传播的途径，可以利用的情报源、需要时刻监测的情报源，具体采集中情报源的选择，信息的获取，信息的鉴别、判断和筛选，信息的初步加工处理（合并在第 8 章讲解），以及收集工作的成本分析等。同时，整个搜集过程还要不断地进行“校准”和重新搜集。本章将主要介绍竞争情报源、竞争情报搜集策略与步骤和竞争情报搜集方法三个方面。

7.1 竞争情报源

7.1.1 竞争情报源的识别方法

竞争情报源指的是竞争情报信息的发送端和生成端的总称，是产生竞争情报信息的源头，通常可以泛指一切产生和持有竞争情报信息的个人或机构，或负荷情报的物件，它是企业开展竞争活动所需要的情报信息的载体和出处，而非情报信息内容本身。

信息传播路径分析是识别有效竞争情报源的常用方法，因为传播方式和路径能够告诉我们哪些环节是比较容易获取到情报的。情报工作人员可以通过情报传递的路径判断情报途经点，这些点都可能成为情报获取的源头。例如，A公司的重要竞争对手B公司目前准备并购一家效益不好的C公司。A公司想获得这个并购情况的情报，可以从哪些地方着手呢？如果利用信息传播路径分析法，首先会考虑该项并购行动可能会涉及的行动者，包括B公司和C公司的管理者、起到调查论证作用的中介机构、所属地方政府机构，以及相关的新闻机构等。信息传播的途径是分别从B公司和C公司到中介机构，到地方政府机构，到新闻机构及其他人或组织。这样，A公司的情报人员就可以从中介机构工作人员、地方性报告、新闻机构报道、其他相关人士等途径获取竞争情报。

对于企业来说，情报可以分为内部和外部两大类。内部情报的传播途径一般有三种方式：一是自上而下，由高层向下级传达；二是自下而上，由一线员工将信息逐层向上反映、报送；三是水平运动，如部门间的合作、员工相互之间的信息传递等。通过分析内部情报的传播途径，可以确定获取情报的方向。外部信息通常有直接传播方式和间接传播方式，情报人员要确定是直接获取外部情报还是间接获取外部情报，比较哪种方式更经济有效。比如，企业想获得客户的需求信息，可以直接对客户调研，也可以通过零售商、经销商来进行调研，但具体哪种方案更可取，需要建立在传播途径分析的基础上。随着互联网的普及，信息在网上传播的方式又有了许多新的路径，如门户网站、搜索引擎、社交媒体、垂直化社区媒体、推荐引擎等，它们在信息的传播中发挥着不同类型的作用，有着不同的特征，情报人员需要理解这些传播方式及其传播路径，才能更好地利用情报源获取相应的信息和情报。

7.1.2 竞争情报源的类型

对竞争情报源的分类标准有多种，常被用到的有三类：一是按照过程或等级的划分，二是按照空间载体的划分，三是按照公开程度的划分。此外，还有按照空间位置、用途、表现形式等进行划分。

（1）初始源与再生源。按照竞争情报源的过程或等级，即按照信息产生、传递、加工的状况，可以把情报源分为初始竞争情报源和再生竞争情报源。其中，初始竞争情报源来自于直接产生竞争情报的经济活动，亦称为一级信息源或初始源；再生竞争情报源是对原始信息进行加工处理后再向社会发送的各类派生信息载体，亦称为二级信息源或再生源。

初始源产生的信息往往是一种原始信息，如果应用，需要根据使用的各种目的对原始信息进一步加工。竞争情报的主要初始源通常包括企业内部的职能部门和员工，企业外部的竞争对手、用户、供应商、经销商、广告公司、运输部门或运输公司、金融、保险、劳动仲裁、环保、执法、咨询等，以及第三方机构，如政府部门和行业机构等。

再生源包括企业、政府和社会上的各种专业情报机构、专职信息机构、咨询公司、网络公司等，以及经过这些机构或公司加工处理后形成的多种形式的派生信息产品或情报产品，如各种统计信息、新闻报道、报纸杂志、会议记录、分析研究报告等。比较常见的再生源包括书、年鉴、企业名录、报纸杂志、专利文献、标准文献、行业报告、科学报告、技术档案、产品样本、政府出版物等文献信息源；广播、电视等媒体新闻报道、各类专题节目、经济动态栏目、各类产品与招聘广告等大众传播媒介；企业内部的信息系统、政府的情报机构、行业协会的信息中心、图书馆系统、科技信息中心（情报研究所）、商业化情报机构（如剪报、策划公司等）、专职情报机构或信息中心；证券交易所；产品发布会、商品博览会、贸易洽谈会等商业展销会；各机构的网站，搜索引擎，ISP、ICP 等互联网信息；以及可以为企业用户提供企业和产品目录、市场行情、资信分析、投资报告、可行性研究、竞争对手分析、贸易机会、市场报告、科技信息、学术研究成果等信息和情报的各类数据库等。

（2）文献型竞争情报源和非文献型竞争情报源。按照竞争情报源的载体类型可以把情报源分为文献型和非文献型两类。

文献型情报源是指以文献为载体的信息资源，是将信息内容以某种形式的符号记载在一定的物质载体上，最后以一定形态呈现出来的物质实体。除传统的印刷型文献，如报纸、图书、期刊等外，目前还有视听型文献，又称声像文献。它是以电磁材料为载体，借助特殊的机械装置，将声音和图像记录下来的一种动态型文献。

非文献型情报源分为实物情报源与口头情报源两种，前者包括实物与样品、展览、电影、电视、录像等通过直观或听觉获取的情报源，后者包括会议、交谈、录音、广播等通过语言传播的情报源。

（3）公开情报源、半公开情报源和非公开情报源。根据竞争情报源的公开程度，可以把情报划分为公开情报源、半公开情报源和非公开情报源。情报来源以公开渠道为主，有这样的统计，即某军事机构的情报部门，常规的情报来源分布是：95%来源于公开渠道；4%来源于半公开渠道；只有1%来自于秘密渠道。可见，运用于企业市场竞争的情报搜集活动，最重要的也是公开的渠道，这个“公开”的含义既包括了公开发表的文字资料，也包括了虽然未公开发表，但可以通过公开的手段搜集得来的竞争情报。随着互联网络的发展，网络成为目前最为快速便捷的获取公开情报源的地方。

7.2 竞争情报搜集策略与步骤

在具体竞争情报搜集之前，需要先根据竞争情报搜集的目标，制定竞争情报的搜集策略，主要的依据是情报获取的难易程度、从情报源获取情报的可信度与准确性，以及获取情报的成本，如图7-1左侧部分所示。这三个方面并不可兼得，需要进行权衡。例如，为了了解竞争对手的情况，情报人员可能会舍弃一部分信息源，以节省成本，也可能增加一部分信息源，以获得对竞争对手更深刻的认识。总之，企业竞争情报人员应根据用户的情报需求，结合本企业的实际情况，如资金、人力、物力等因素，选择一批合适的信息源，并在关注度上给予不同的信息源以不同的优先顺序，以便有秩序地从内外信息源搜集信息。

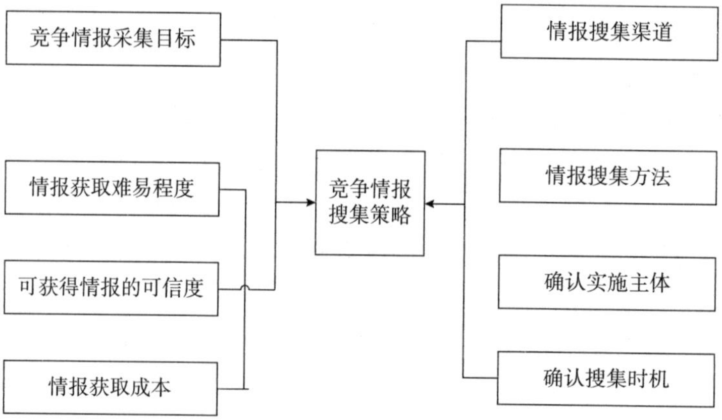

图7-1　竞争情报搜集策略制定依据和内容

竞争情报搜集策略的内容主要包括情报搜集渠道、情报搜集方法、实施搜集行动的主体和如何把握搜集的具体时机。这四部分内容的形成过程是有先后顺序的。首先，在分析情报传播途径和各类情报源的基础上，根据信息活动要素和关键问题，选择出情报搜集渠道。其次，针对情报源的特征和企业可以利用的资源，制定情报搜集方法，一般采用 7.3 节介绍的常规方法，但在某些情况下也需要采用一些合乎情理的特殊方法。再次，根据本企业的能力，确定是自己组织情报工作人员完成情报采集工作，还是外包给专门机构帮助实施采集方案。最后，根据环境和竞争对手的变化情况，确定搜集工作的时间安排。

竞争情报搜集的主要流程可以分为四步：第一步，分析搜集的目标和对象。第二步，在对初始情报源和再生情报源分析的基础上，确认实施搜集工作的主体，制订搜集策略与计划。第三步，在众多情报源中，识别关键情报源，识别行业内主要参与者，选择需要搜集的竞争情报初始源或再生源，并明确搜集方法，制订具体行动方案。第四步，利用相关搜集方法搜集有关数据和信息。但这四步的完成并不意味着情报搜集工作的结束，当搜集的情报进入竞争情报处理和分析阶段时，可能会产生新的情报需求，因此需要进一步对竞争情报进行再采集的工作，直到关键情报课题的研究目标予以实现。

7.3　竞争情报搜集方法

竞争情报搜集的一般方法可以分为两大类：一类是常规手段搜集方法，即按照正规的交流渠道，采用普通的搜集手段获取有关竞争性信息的搜集方法；另一类是特殊手段搜集法，是指在激烈竞争的环境中，为了获取竞争对手的有关信息而采取的各种特殊的渠道和手段来搜集竞争情报的方法，特殊方法一般对情报人员的技能和技术要求较高。

根据竞争情报源的不同，常见的常规手段搜集方法和特殊手段搜集方法如表 7-1 所示。本章将重点介绍比较重要的几类方法，包括实地调查法、媒体情报获取法、机构定向跟踪搜集法、人际情报网络法、基于四分卫法的展会情报搜集法和实物剖析法。

表 7-1　一般常规手段搜集方法和特殊手段搜集方法

	常规方法	特殊方法
初始源	调查法（现场调查、访问调查、问卷调查、电讯调查、统计调查） 观察法（无控制参与观察、无控制非参与观察、有控制参与观察） 追踪法 四分卫法（商业展览会、招商会、洽谈会等） 实物剖析法	应用高新技术 现代通信技术与手段 人际关系网 接触竞争对手的人、事、物 建立企业全员调查制度
再生源	通过出版发行系统订购 通过广播、电视等新闻媒体搜集 通过图书、信息、情报单位收藏各类载体的阅览、检索 通过政府、行业机构提供的服务获取 通过网络系统搜集	通过专门的咨询机构定题、定向跟踪和搜集 通过政府、行业机构的特殊服务 对公开信息源进行重组分析 通过运用网络跟踪技术

7.3.1　实地调查获取情报的方法

实地调查法一般有三种形式，即询问法、观察法和实验法。询问法是通过询问的方式搜集竞争情报，一般包括走访询问、问卷询问和电讯询问。观察法是调查者在现场从一旁观察被调查者行动的一种方法。如在竞争情报搜集的过程中，在顾客购买行为、竞争对手企业动向、竞争对手企业环境等方面均可以采用观察法。实验法是指从影响调查问题的若干因素中，选择一两个因素，将它们置于一定的条件下进行小规模试验，然后对实验结果做出分析，研究是否值得大规模推广的一种调查方法。

实地调查的过程大致可以分为三步：第一步，明确调查目的，根据调查目的，分解出需要调查的问题，并制订调查方案。通常，调查方案的内容包括搜集信息的来源对象，即实地调查对象；设计产生的具体调查表、访谈提纲或调查问卷；调查样本的选取策略（抽样调查需要）；调查人员的组织和构成情况；调查经费预算；以及调查实施进度计划等。第二步，实地调查的执行。尽管在第一步已有了较为详尽的调查方案，但在具体实地调查中，还需要根据调查范围和现有的条件，临时决定是否需要增加或更换调查方法，以确保调查获得情报的完整性和有效性。第三步，整理分析调查资料，编写调查报告。调查报告需要对调查任务和背景情况进行介绍，对调查获取的资料进行综合整理、编辑，并给予必要的分析和解释，提出调查过程中发现的问题，并基于分析给出一定的建议、对策和措施等。调查报告形成的情报资料，还需要在情报处理分析环节进一步得到整体性的分析。

实地调查对于企业来说非常重要，特别是企业要获得对市场的真实情报，往往是离不开实地调查的，这里可以通过两个企业案例的对比来理解实地调查的重要性。

【案例对比】

案例1：宝洁公司的尿布厚了还是薄了?

美国宝洁公司是世界上最大的日用消费品公司之一，其生产的婴儿尿布堪称历史悠久，绝大多数美国人小时候都是包着宝洁生产的尿布长大的。20世纪80年代，宝洁公司决定把婴儿尿布引出国界，打入中国香港和德国市场。在一般情况下，公司每进入一个市场都要经过“实地试营销”以发现存在的问题。但这一次宝洁公司认为，不管是中国香港地区的婴儿也好，德国的婴儿也好，都是婴儿，尿量差不多，不会有什么问题，因此直接将在美国销售多年的尿布打入中国香港和德国市场。然而问题出来了，宝洁公司的尿布在中国香港和德国市场均出现了滞销的现象。经调查发现，中国香港地区的消费者反映，宝洁公司的尿布太厚，而德国的消费者却反映，宝洁公司的尿布太薄。同样的尿布，怎么能一个说太厚一个说太薄呢?

经过仔细调查发现，尽管中国香港地区婴儿和德国婴儿尿量大体相同，但问题不是出在婴儿身上，而是出在婴儿母亲身上。原来，中国香港的母亲把婴儿的舒适度当作头等大事，孩子一尿就换尿布，而宝洁公司的尿布一次可以兜好几泡尿，自然就显得太厚。相反，德国的母亲比较制度化，早上给孩子换一次尿布，到晚上再换一次，这中间孩子要尿好多次，宝洁公司的尿布又兜不了那么多，自然就显得太薄了。缺乏实地调查的营销策略让宝洁承担了巨大损失。

案例2：肯德基进入中国市场

1986年9月下旬，肯德基公司开始考虑如何打入人口最多的中国市场，发掘这个巨大市场中所蕴含的巨大潜力。但问题是，中国顾客会喜欢肯德基吗?

在平衡了可能的风险和收益之后，公司决定暂时把北京作为一个起点，对北京的老百姓的口味进行实地调研。

为了获取真实的情报，肯德基竞争情报人员站在北京主要的商业街道，用秒表计算人流量，并把样品送给人们品尝，搜集人们对味道、价格和店堂布置等方面的重要信息。同时，竞争情报人员还对北京的原材料市场做了调查，带回鸡、油、面、盐、菜等进行研究。通过仔细分析、研究，竞争情报部门得出结论：北京是一个蕴藏着巨大机会的市场，并提出了一定的口味改良建议方案。1987 年，肯德基在北京前门开出中国第一家餐厅，并不断设立新的门店，获得了巨大成功，原计划 5 年收回的投资在 2 年就完全收回了。2010 年 6 月，肯德基在上海开出了第 3000 家餐厅，2012 年 9 月，在大连开出了第 4000 家餐厅。如今，中国肯德基已在 1200 多个城市和乡镇开设了 5000 余家连锁餐厅，遍及中国大陆的所有省、直辖市和自治区。

上述两个案例中，前者因缺乏实地调查而蒙受损失，后者因基于实地调查做出正确的决策和行动方案而大获成功。在很多情况下，实地调查是获取原始、真实、直接性和感观性资料最有效的方法。不仅是常常面对客户的销售环节，生产研发环节同样需要实地调查来获取情报。比如，有的企业要求自己的研发人员和生产人员每隔一段时间到自己产品的卖场去做兼职销售员，为的就是让他们观察顾客的反应，并将这种感悟应用到如何设计产品和生产产品上。还有些情况下，企业无法获得有效情报，只能在小规模范围内进行一些尝试，比如在战略变革中，新的战略很难在全企业范围内实施，此时可以尝试性地在一个部门试点，通过实际观察，发现问题，验证效果，再予以推广，这也是实地调查中观察法的一种应用。但是在很多时候，受到成本及其他各种条件的约束，实地调查可能难以实施。譬如，你想了解竞争对手的一些情况，但竞争对手保密工作做得很好，此时实地调查就难以发挥作用了。因此，还需要应用其他的不同的情报获取方法来实现。

7.3.2 媒体情报获取法

媒体情报多种多样，包括报纸、杂志、专利、文献、电视、广播、网站及其他各类出版物等。随着互联网的普及和社交网络的发展，网络空间已经进入自媒体时代，每个人都可以作为一个媒体频道发布自己的真实意愿或者态度。基于微博、博客、贴吧和网络评论等的舆情分析也成为竞争情报领域的重要方向之一。这里梳理出几种常见的需要获取的媒体情报。

（1）报纸、杂志。企业从公开出版的报纸、杂志上可以寻找竞争对手、供应商和经销商的信息。第5章中介绍的日本炼油设备厂商获取大庆油田的情报全部来自于公开报纸和杂志。此外，在学术期刊或行业杂志上，可以关注竞争对手的工程师发表的文章，这些文章有可能透露对手的动态。此外，各种报纸、杂志会发表关于经济新闻、政策法规、经济动态、技术成果、产品开发、新产品动态、市场变化、产业调整和竞争对手经营等各种各类信息，这对于企业环境分析非常有益，特别是行业杂志与一般性报纸杂志相比，经济信息的价值更高，更贴合企业需求，值得企业追踪监测。这些媒体情报可以直接通过出版发行系统购买或去图书馆查阅。

（2）专利。专利文献是世界上最大的技术信息源，具有内容广泛、技术细节详尽、实用性强、技术新颖等特点。这类文献信息源容易获取，但数量庞大、交错重复，需要经过系统的搜集和分析加以利用。除了专利文献外，企业还需要关注与此相关的专利公报、标准文献等。专利公报是专利局定期出版的报道有关专利申请的审批状况及相关法律法规信息的定期出版物。专利公报上蕴藏着大量的有关竞争对手的技术现状和发展动向的信息、企业所在技术领域现状和发展趋势信息，对于技术创新型企业要特别关注。常用的查找专利文献的工具有《中国专利数据库》、《发明专利公告》、《实用新型专利公告》、《外观设计专利公告》、《世界专利索引（World Patent Index）》、《美国专利和商标局公告》、美国专利网络数据库和一些企业提供的专利数据库。

（3）标准文献、各类报告、文档等。标准文献是关于产品和技术的符合规范，具有法律效应，常作为产品和技术需要共同遵守的准则和依据。通过标准文献可以获取有关产品和技术的各种统一数据和规定。常用于情报分析的报告包括行业报告、投资研究报告、科研报告等。通过行业报告可以了解行业的状况、产品销售、市场需求、产业结构和行业发展趋势等信息。通过投资研究报告可以分析出所处行业市场、竞争态势等方面的重要情报。通过科研报告可以了解科学研究和科学成果的具体内容、详尽数据、研究进展、发展变化和未来趋势等信息。其他文档，如可以了解某项研究的计划、方案、技术指标、技术措施、具体数据、工艺记录等方面的信息的技术档案，通常包括技术文件、图样、图表、照片、实验记录、原始记录等内容；可以用来了解产品规格、性能、构造原理、用途、使用方法和操作规程等方面的信息的产品样本；可以了解关于各国各地风土人情、地区环境、经济发展和规划等的各种政府文件、技术报告和年度报告等信息的政府出版物等。企业可以通过《中华人民共和国工农业产品国家标准和部标准目录》、*ISO Catalogue*、*IEC Catalogue*、国际标准网络数据库等查找标准文献，可以通过不同的机构定制各类报告和文档。

（4）电视、广播。企业可以通过电视、广播收听到一些有关市场环境、社会热点等方面的信息，此外，当竞争对手企业高层管理者进行电视讲话、接受访谈时，也可能透露他们的动态，这些都是重要的信息源。

（5）数据库。数据库是现代情报信息资源的一种主要发展形式。它采用结构化形式记录和传递，检索效率高。通过科技文献数据库可以检索最新科研成果，预测未来技术动态；利用专利数据库可以查找与企业技术相关的专利，基于专利分析制定企业专利战略和技术研发战略布局。利用行业数据库可以对行业情况做出分析，如可以通过《中国厂商名录数据库》、《中国百万商务通讯数据库》、《美国公司及产品资料汇集》（*Master Catalogue Service*）、《市场与技术预测综览》（*Predicts Overview of Markets and Technology*，PROMT）等查找企业或市场行情。

（6）广告。竞争对手发布的产品促销广告和人才招聘广告等都是重要的情报源。通过广播、电视、因特网、报纸杂志、流动公共车辆、街头广告看板、各种展示会的展台与展板、商场、超市、休闲娱乐场所等可以获得多种广告信息。其中，竞争对手的人才招聘广告往往是他们新行动的征兆，促销广告往往是销售策略和销售新行动的征兆。通过产品广告画面和术语，一般可以了解到竞争对手产品组件结构、性能结构、产品价格、经销商、产品外观、重要特色等信息。在这些信息基础上，可以结合其他情报，把握竞争对手各种产品重点进攻的市场及销售区域；了解竞争对手新推出或重点推广的产品及品种；准确掌握各地区市场的不同类型广告的竞争态势和竞争对手参与程度；结合竞争对手广告费用支出和媒体策略推断其市场营销策略；利用广告用语分析竞争对手的价值取向和包含的核心技术；了解竞争对手业务发展、市场趋向、人员结构；了解竞争对手网上广告的动向，分析网上可能开展的新业务等。

（7）企业出版物。企业在宣传自己公司和产品时，经常会出版一些宣传片、宣传册、产品目录、产品说明书、企业报等。通过这些宣传物可以分析竞争对手的现有产品情况、未来发展动向等。

（8）互联网。互联网是极大的信息源，在竞争情报领域的使用频率也已超越人际情报网络。企业可以通过其他企业的网站，寻找竞争对手、客户、合作伙伴的信息情报；从一个公司主页上的对外链接了解公司与公司之间的商务关系；通过政府网站、行业网站、媒体企业网站寻找有关竞争环境的情报；通过专业的竞争情报网站寻找有关竞争情报的知识、方法、策略的信息；通过网络数据库查找不同数据信息；通过搜索引擎的方法，搜索需要了解的各类主题信息的相关网站和网页等。

7.3.3 机构定向跟踪搜集法

机构定向跟踪搜集法是指针对一些重要的信息源，进行定期查看跟踪，时刻关注变化的信息。需要跟踪的重要机构包括政府部门、证券交易机构、各类协会、情报机构、科研机构、行业机构和行业协会等。

政府部门情报源是非常重要的一类情报源。因为国家政策、法规是企业行为必须遵循的准绳；国家统计部门可以提供行业的总体数据、总销售量及生产、需求情况和年终库存情况，这些信息都是企业提升竞争力所不可缺少的。此外，所有的食品企业都要向卫生防疫部门提交卫生文件；所有的国际贸易公司都要向外经贸部门注册；所有的餐饮娱乐企业都要向消防部门提交文件；所有具有污染问题的企业都要向环保部门提交文件。这些文件中包含申报企业的名称、营业场所、负责人、申报理由、注册资金、经营范围等重要情报信息。譬如，美国某餐馆老板通过查阅消防部门的资料，了解到竞争对手的就餐人数、厨房火炉的数目等信息。某石化企业通过查阅环保部门的资料，了解到竞争对手的废水排放量，从而推断出对手的作业方法和产量。

证券交易所是获取上市公司情报的重要情报源。公开上市的企业必须向监管部门和证交所提交大量文件，特别是年度报告和中期报告。这些报告通常包括公司概况、财务会计报告、经营状况，董事、监事、经理等高层管理者简介，已发行的股票、公司债券，经营方针和范围的重大变化，重大债务，重要合同，董事会的重大变化，重要诉讼等。情报人员可以通过查阅竞争对手企业当年的年度报告，了解其当年的经营情况；查阅竞争对手历年的年度报告，了解其发展情况、重要动向、有什么弱点等；通过查阅首次上市企业的招股章程和其他文件，了解可能产生的新竞争对手及它们的情况。

行业协会、商会、大学、图书馆、科研机构，尤其是情报机构均能提供专业性的情报服务，包括企业内的情报机构、政府部门的情报机构、行业协会的信息中心、公共图书馆、科技信息中心和情报咨询企业等，都可以为企业提供相关情报，成为重要的情报源。如行业机构或行业协会中有这个行业的会员名单、来自所属企业或市场的报表与汇报材料，并提供所在行业整体情况的信息，诸如行业发展方向、行业市场等，这对于行业内的企业来说是很重要的。目前，许多行业机构均在线上线下以付费方式为企业等用户提供各种行业报告、市场研究报告等。中国经济信息网、国务院发展研究中心、中国科技信息研究所、中科院文献情报中心、中宏网、中国企业家网、中国统计信息网、中国轻工业网等均是企业值得关注的情报服务机构。

7.3.4 人际情报网络法

人际情报网络法是自古以来就常用的情报获取手段。每个人都有自己的人际网络圈，1967 年哈佛大学的心理学教授斯坦利·米尔格拉姆（Stanley Milgram）提出六度空间理论，也称小世界现象或小世界效应。该理论认为，你和任何一个陌生人之间所间隔的人不会超过六个，也就是说，最多通过六个中间人你就能够认识任何一个陌生人。在该理论的影响下，人们越来越关注社会网络的研究，很多网络软件也开始支持人们建立更加互信和紧密的社会关联，这些软件被统称为“社会性软件”（Social Software）。不管怎样，人们都期望扩大自己的人际关系网，拉近与他人之间的距离，使情报的获取更为方便。企业自然也需要充分利用人际关系网来获取一些公开情报中难以获得的情报。

建立“人际关系网”的主要方法包括亲朋好友的引荐；公司人员的介绍；通过参加各种会议，认识相关人群，并不断加强联系；通过同行专家、学者的引荐；通过各种健身、娱乐等组织或团体建立关系；通过专业杂志或行业文章的作者简介而建立联系；通过政府部门、上级领导的推荐；利用社交网络搜寻想联系的人等。企业的人际关系网中通常包括消费者、供应商、员工、政府机构、行业协会、领域专家、消费者协会、经销渠道、广告机构、专业会议组织机构、展会组织机构、证券机构、咨询机构等。随着互联网的发展，基于网络信息的人际情报网络研究也发展得越来越快，得到学者和企业管理者的重视。

企业外部人际网络通常涉及多个方面，其中蕴含着大量有价值但非公开的信息源。譬如，企业可以通过客户了解客户的消费热点、消费心理、购买能力和动机、消费取向、本企业产品状况、满意度情况、存在的问题、竞争对手产品状况、新的需求等。通过供应商，可以基于其对竞争对手的供货量推算出对手的产量；通过包装企业，了解竞争对手包装箱的购买量，推算竞争对手最近的出货量等。企业通常还可采用电话、电子邮件、调查问卷、网络互动及面谈的方式获得信息。在当今竞争极其激烈的时代，企业外部人际网络相当重要。因此，企业竞争情报中心需要逐步建立一个良好的企业外部人际网络，并将其中的人员的特性、易于交流程度等进行记录，以便为今后搜集信息打下基础。

企业不仅要重视外部人际网络，还要特别重视利用内部的人际网络。内部人际网络主要是指企业内部员工形成的人际网络，企业内部员工是指从企业的各部门普通工作人员到领导层的所有人。在一个企业里，企业员工是一个至关重要的情报源，情报人员想要获取的有关部分竞争对手或市场动态的信息，大约有 80%存在于企业内部的人际网络中，特别是销售人员中。本企业的生产、技术、设备、营销、管理和员工个人的信息也都存在于不同的员工中。可以说，员工办公桌里、文件柜里及他们的头脑里通常都蕴藏着丰富的情报源，如果不能通过人际间的交流使其显性化而充分发挥其效用，它们的价值就不会被充分挖掘。此外，本企业管理者和员工的家属、亲戚、朋友，以及前员工等也都是不可忽视的情报源。因此，企业需要建立一个良好的企业内部人际网络，并结合激励机制对其进行有效的激励和管理，以便于使其潜在的情报源充分发挥作用。

7.3.5 行业会议、展会和四分卫法

近年来，我国企业越来越重视参加商品展销会。但是，千万不要仅仅把展销会看成是推销产品的场所，商品展销会还提供了直接观察竞争对手、与竞争对手员工进行交谈的机会，这是其他场合难以拥有的机会。展销会上，商家平时不愿意公开的产品信息，这个时候会喋喋不休地向你讲述，且提供资料和实物，信息及时、准确，因此，商家都把展销会看成是获取竞争对手情报的极好时机。零售商可以了解市场内新的热门产品，并抢先订货；制造商可以了解对手的营销战术、定价和公关情况；投资商可以了解和结识合作伙伴，寻找投资对象。

四分卫法是针对行业会议和展览会的有组织的竞争情报搜集方法。该方法由美国中央情报局开发，并由美国华盛顿研究公司应用于竞争情报搜集活动中。其思想来源于美国橄榄球队进攻的组织者，根据赛场上的变化随时改变进攻方向和战术的情况。

所谓四分卫（Quarterback，战术布置中的代号为 QB），是美式足球，即美式橄榄球中的一个战术位置，排在中锋的后面、进攻阵型的中央。他通常是临场指挥的领袖，大部分的进攻由他发动，并有责任在进攻前发出暗号。四分卫通常是除了中锋以外第一个接触球的人。接到中锋发球后，他可以递传、抛长传给跑卫、近端锋和外接员，或自己持球冲锋。传球和冲锋都擅长的四分卫通

常被称为双料四分卫（Dual-threat Quarterback）。所以四分卫是球场上最重要的球员之一。

在情报领域，四分卫法是指由一个经验丰富的情报搜集人员担任四分卫，领导一个搜集小组，制订对会议和展览会情报进行搜集的计划，分析搜集机会，辨别搜集目标，确认能接近目标的搜集人员，创造让搜集目标和搜集人员接触交流的机会。在听取搜集人员报告后，与分析人员评估情报，建议下一步搜集工作的方向和重点。四分卫法通常由四分卫、分析人员和搜集人员构成。四分卫是核心，他受到企业决策者支持，来计划和组织搜集工作；分析人员负责与四分卫一同确定要搜集的情报内容，以及说明搜集的情报需要满足的要求；搜集人员负责与目标进行交流，在会议上搜集情报，然后向四分卫和分析人员报告，听取进一步的需求。搜集人员可以由企业内部搜集人员和外部搜集人员共同构成。外部人员可以来自合作伙伴、经销商、咨询公司、媒体等。搜集人员可以并能够了解会议主题、参加会议、参与讨论，在搜集过程中，通过提出具有诱导性的问题搜集所需信息和情报，而同时不暴露自己的身份。

四分卫法主要包括展会前准备、会中活动和会后分析整理三个环节，如图7-2所示。

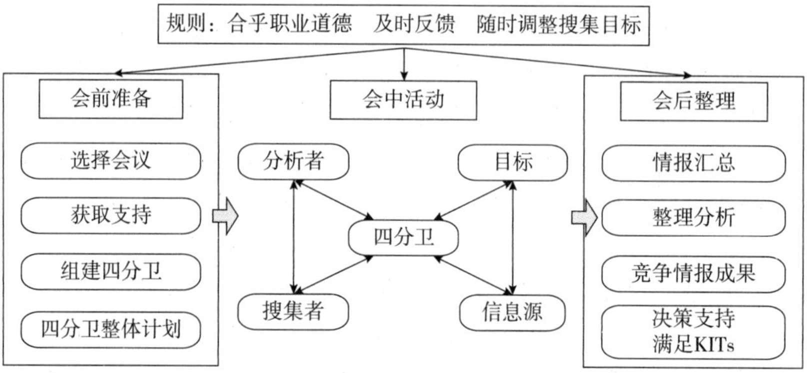

图 7-2　竞争情报四分卫法操作流程

资料来源：王知津，张丽丽．竞争情报四分卫法实施及案例分析［J］．情报科学，2008，26（3）：328-333.

在准备环节，需要四分卫及管理决策者根据情报需求选择需要参加的展会，或根据一个即将开幕的展会确定可能需要获取的情报。然后，根据已选择的特定展会，详细分析信息需求的细则，形成关键情报课题，并申请企业财务支持，然后着手组建四分卫小组。四分卫小组组建成功后，首先，召开会议明确本次参会的情报需求，形成可行性需求分析和更加合理、全面的关键情报课题。然后，四分卫小组会通过多次会议，对具体的执行方案进行探讨，形成四分卫作战的整体计划。对针对会议、会展的四分卫法来说，充分的准备工作必不可少，它直接关系到短暂的会议过程中情报搜集的质量。

会中活动环节是四分卫团队价值体现的主要阶段，这一阶段虽然时间短暂，但情况复杂多变，而且难以掌控，因此也是检验四分卫团队工作效果的重要环节。在这一阶段，四分卫将发挥组织指挥家的职能，领导包括分析员、搜集员、信息源在内的小组成员，共同猎取目标所持有的可利用信息。在此期间，整个会场仿佛成了橄榄球场，四分卫作为进攻小组的领袖，密切关注并全力掌控整个会场的变化动向。其他成员则会由于所处物理位置的不同而容易发生暂时性的组内信息不对称，因此，要及时反馈，及时根据情况对搜集目标进行调整。这一环节的主要工作可以总结为“一看、二谈、三收集、四比较”。“一看”是指事先进行周密计划，物色人选，制定参观程序；开展后首先通览全馆，建立总体印象，参加所有活动；观察对手展厅的布局、人员组织和数量，确认访谈对象；观察参观对手展厅的人数和结构，以及他们的提问内容和细谈内容。“二谈”是指搜集人员错开高峰期，拜访竞争对手展厅，以便有时间长谈；可以选择竞争对手参展的技术人员进行交谈；交谈从产品开始，然后进入核心，不当面记录，不录音，交谈后在僻静处把新发现记下。“三收集”是指搜集人员需要尽可能地收集展会上所有能得到的文字资料、名片、说明书，一些实物可以拍照。“四比较”是指四分卫和分析人员需要比较双方的参展情况，比较优劣，既可作纵向比较，也可作横向比较；定期汇集所获得的全部信息，讨论下一步的工作。

会后分析整理环节需要将参会中获取的大量信息进行整合，各搜集员和分析员将逐级上报信息搜集的成果，把最终结果汇总集中到四分卫手里。四分卫会召集小组成员开战时会议。在会议中进行小组内的信息共享，四分卫小组各成员根据原定信息目标和信息需求，对已有信息进行整理分析，统一讨论，最终修改、整理，形成较为完善的一套竞争情报成果。由四分卫执笔撰写总结报告，并向主管领导汇报，以支持相关决策的制定或满足预定关键情报的需求。

四分卫法的执行过程需要符合职业道德，在执行过程中，搜集人员不可过多，设计调研的问题尽量不要重复，搜集人员必须及时反馈搜集到的情报和问题，四分卫需要根据情况随时调整搜集目标。

7.3.6 实物剖析法

实物剖析法是指对产品、行为、建筑物等实物进行分析的方法，在竞争情报领域也经常被应用，并且是一种非常有效的方法。其中最常见的是反求工程，即通过对竞争对手产品的拆卸分析，反向推断其制作工艺、所用材料等信息。譬如，一家床垫厂为了降低产品成本，在市场上了解到一些具有高品质产品的竞争对手，购买这些竞争对手的床垫产品，拆卸分解，研究其部件、材料，计算其产品成本，发现如果在自己的床垫产品中减少20%的材料成本，产品质量仍旧会超过竞争对手的产品。美国马里兰州的一家黏合剂企业从市场上买来竞争对手的黏合剂产品，进行化验分解，发现其配方的调整会降低产品的黏合强度，因此形成了较好的营销策略。在国际惯例中认为通过反求工程获取情报的行为是合法的。

实物剖析法的第二种策略就是直接观察竞争对手或其他人员的行为。譬如，有一个码头装卸公司的监理，每月都会抽时间在公共人行道上观察竞争对手的装卸工作，计算他们的装卸速度、破损量、在货盘上的箱子数等，并用来比较本公司的工作效率。他还特别喜欢观察在雨天时的装卸，发现竞争对手如果建一个天棚，装卸效率会大大提高，但这一策略他只提供给自己公司进行改进，并不会告诉竞争对手。曾经凯诺格方便食品公司的科斯特利在停车场停车时发现街对面的通用食品公司正在用起重机卸下德国造双压成型机，他立刻想到自己厂里用的法国成型机总出问题，不知什么原因，现在看到竞争对手已经换设备了，立即拍摄下来，凭着照片说服总裁购买了德国机器。

废弃物也是一种重要的情报来源。这些废弃物包括作废的办公用纸、过期票据、废弃不用的计算机、硬盘、软盘、优盘、淘汰的设备等。雅芳公司连续多年成功挫败竞争对手玫琳凯化妆品公司，后来才发现，雅芳是雇用调查员搜集玫琳凯公司的垃圾，从废弃的纸片中寻找工作笔记、报告和备忘录等。深圳一家民营科技开发公司也曾专门雇用“破烂王”搜集三家竞争对手的工业垃圾。由于垃圾桶是放在公共土地上的，从这里获取废弃物用于分析并不属于违法行为。

对建筑物、运输设备、包装设备等的观察也属于实物剖析法。杜邦公司的竞争对手在杜邦公司建造德州甲醇工厂时，在厂区上空盘旋拍照，尽管杜邦公司担心照片会泄漏保密工艺而起诉摄影公司，但由于这一举动与反求工程没有区别，并没有违法，也就不了了之，但这也给企业一个提示，即任何战略性行动都需要有足够的保密措施。

除了以上介绍的各种情报搜集方法外，还存在众多不同的方法，如从潜在的企业成员中搜集情报、从竞争对手中挖走关键人物、询问竞争对手的前职员、以假设身份参观竞争对手的工厂、查阅竞争对手商业贷款记录评估其财务状况等，不论采用哪种方法，核心在于明确竞争情报工作目标和具体竞争情报需求。

⑧ 竞争情报处理

竞争情报处理阶段的主要任务是使获取的情报有序化，将信息按照一定的特征进行归类，并以一定的数据结构将不同类型的情报信息转化为统一的、一致的、结构化的、便于处理的数据集，以便于建立情报资源库，实现情报的统一存储和共享。由于按照统一分类体系对情报信息进行存储和管理，同一类的情报信息被有序地积累下来，使情报信息和情报工作具有了系统性和连续性，组织内部的情报资源也得到了整合，跨部门的情报信息能够共同存储、相互共享，消除了信息孤岛现象。因此，竞争情报处理能够极大地提高情报信息的利用率和工作效率，为竞争情报分析奠定基础。

8.1 竞争情报处理流程

竞争情报处理的流程可以用图 8-1 来描述。第一，需要对竞争情报搜集环节得到的初始源和再生源产生的情报信息进行优化处理和筛选。在大量的原始情报信息中，不可避免地存在着一些假的信息，只有认真地筛选和判别，才能避免真假混杂。同时，还需要去除无关紧要的信息和冗余信息；对信息量较大的情报进行拆解，提取重要信息；对相类似的信息进行聚合整理等工作。

第二，需要确定数据标识，设计信息存储表格，为构建数据库做准备。尚未处理的情报信息多是凌乱的、孤立的信息，为了将这些信息进行分类和排序，首先需要将它们进行规范化处理。在这个环节，需要认真分析情报信息的特征，将其中可以提取出来进行存储的特征设置一个数据标识，即数据库表格当中的字段名或属性名，并对数据存储的格式进行限定。最终将需要存储的情报信息转化成表格形式，便于数据的整合与分析。

第三，在信息存储表格设计好后，将经过筛选后的情报信息规范化处理，

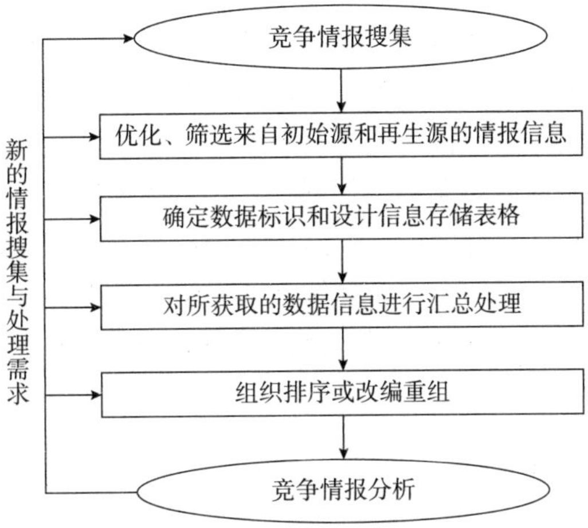

图 8-1　竞争情报处理流程

汇总存储到数据库中。这一步的工作量是非常巨大的，工作人员需要耐心、细致地处理，以免出现错误数据。

第四，根据竞争情报分析的需要，还会对汇总的信息进行排序、重组，或根据一定的方式进行数据的转化和改编。由于不同研究主题会对信息的需求有所差异，因此情报信息汇总完成的数据库并不能直接用于数据分析，还需要根据不同研究主题确定维度表，对数据进行重新组织，以满足具体分析的要求。

在上述四个环节后，即可以进入竞争情报分析阶段，但在分析阶段遇到的新的问题或产生的新的信息需求，会再次反馈到情报搜集和处理环节，进行再搜集或再处理。

8.2　情报处理的原理和方法

情报处理的核心思想就是信息整序，即信息的有序化与优质化，也就是利用一定的科学规则和方法，通过对信息外在特征和内容特征的表征和排序，实现无序信息流向有序信息流的转换，从而使信息集合达到科学组合，实现有效流通，促进用户对信息的有效获取和利用。

情报信息可以整序的原因是在于大多数的信息都是通过一系列特征值表现出来的，这些特征值可以提取，并采用较为规范的方法予以存储。

信息的特征可以划分为外表特征和内容特征。信息的外表特征表现信息的外在形式和外部联系，这些特征值一般比较容易采集，如产品的名称、商标、生产厂家等。信息内容特征表现为信息的内容和信息之间的逻辑结构，如产品的性能、规格、类属等。情报处理的基本原理就是对信息内部特征值和外部特征值进行抽取，将特征值转化为数据标识，基于数据标识，对各类信息进行梳理、汇总和排列。根据特征值的属性差异，可以对数据进行筛选、整序、处理和分析，在这一思想指导下，才能理解和变通情报处理的方法。这里重点介绍基于信息特征值提取和汇总后的信息筛选、信息预处理、信息存储与重组的方法。

8.2.1 信息筛选

由于信息有真有假、有优有劣，在信息爆炸的今天，我们的周围充斥着巨量的无用信息，因此对情报信息的筛选是一项重要的工作。所谓信息筛选，就是对各种途径获得的大量信息进行选择，其实质是对信息进行的监测与估计。其实即使情报获取源可靠，情报人员搜集到的信息和现象也会带有偏见，带有背景特色。这个时候我们必须要明确我们情报搜集和情报分析的目标是什么，把情报工作的目标转化为筛选信息的基本要求，根据要求明确筛选的指标体系，然后选择筛选的方法。通常筛选信息的主要要求体现在三个方面，即信息的可靠性、先进性和针对性。

可靠性主要指信息的真实性。如果获取的正好是竞争对手散布的伪信息，该信息形成的情报必然会错误引导企业的决策，所以要在一定分析的基础上对信息进行甄别。先进性是指信息的时效性，即我们所需要的情报是最新的情报，而不是过时的情报。针对性主要是指情报最终是否能够为我所用，是否可以解决企业面临的问题，是否能够对决策产生有意义的影响。

可靠性的筛选指标有信息源或信息生产者的权威性、信息的引用率和引用情况、信息处理方法的评价、信息资料的密级程度、信息的逻辑性分析等。时效性与先进性的筛选指标有信息的时差长短，反映新方法、新技术和新观点的数量和及时程度，信息的经济效益和技术先进性的比较等。实用性与针对性的筛选指标有符合本企业的情况的程度、可预期的解决研究问题的程度、在本企业可实施性量值和可预期的对本企业的贡献量值等。

信息筛选过程中通常会采用一些数学或其他科学方法，如归纳、类推、比较、统计分析、系统分析、交叉分析、抽样分析等，对信息进行鉴定，判断信息的真实性，以防信息的讹传。及时关注信息的来源或与信息的机构源建立联系，不断地核对信息的准确性，必要时要借助政府机构、对外使馆和领馆等帮助核查。结合综合分析法，如分析和判断某些信息渠道提供信息的动因，某些信息机构是否真正拥有某些信息，多方考证信息来源，运用累积和对比分析推断信息的先进性。根据能否真正支撑信息分析、满足情报需求判断信息的实用性和针对性。

在信息筛选过程中，要特别关注对伪情报的识别。尽管如上面所述，目前已经有了较为成熟的分析方法来识别信息的真实性，但是在获取情报的过程中，由于用户的原因导致对源信息的感知、接受和使用产生错误，用户接收到的信息有可能内容已经不是源信息所具有的那些内容，这就产生了信息差，即接收到的是“伪情报”，这就是情报的“可伪性”。由于产生的原因不同，伪情报可以分为三种：一是认知型伪情报。这是由于用户自身的素质、修养、能力及所处环境的不同，使他们对同一个信息做出不同的理解，或者理解得不全面，或者没有能够与环境联系，从而造成信息差，形成伪情报。二是传播型伪情报。这是由于信息在传播过程中，因为主观的或客观的等各种各样的原因使信息量受到损失，或者渗入了冗余信息，使用户接收到的信息内容已经不是源信息所具有的那些内容了。三是恶意型伪情报。这是信息发出者故意采取夸大、欺骗、捏造、篡改等手段制造的伪情报。情报工作人员需要能够识别这些伪情报，对一些伪情报要做一些处理或说明。

8.2.2　信息预处理

对信息的预处理主要目的是对筛选出的信息或数据进行整序和处理，得到更有价值的信息数据，通常采用的方法是汇总和组合。譬如，利用综合指标法将大量的、零散的表示个体经济现象的数据或指标进行汇总，整理成能够综合反映事物发展的总体特征的信息的方法，常用的包括总量指标、平均指标和相对指标。比如，我们通过一个企业一个月的销售收入，可以算出一年的销售总收入，还能计算出这一年平均每月的销售收入，这就是利用总量指标和平均指标对原数据进行预处理，使其更具价值。

表 8-1 中，生产集中度是指某一行业生产排名前 N 位的企业的销售额占行业总的销售额的比例，市场集中度是指该行业的相关市场内前 N 家最大的企业所占市场份额的总和。生产集中度和市场集中度较大，说明这一行业的集中度高，市场竞争趋向垄断竞争；反之，集中度低，市场竞争趋向完全竞争。生产

集中度和市场集中度都是衡量行业市场结构的一个重要指标。这两个指标都是相对指标。表中根据 2019 年和 2020 年的生产集中度和市场集中度还能够测算出集中度相对变化的情况。从表 8-1 可以看出，2020 年相对于 2019 年来说集中度有所下降。这种相对指标的信息量也比单一数据的价值更高。

表 8-1　相对指标的应用　　单位：%

企业集中度	生产集中度			市场集中度		
	2019 年	2020 年	同比增加	2019 年	2020 年	同比增加
前三名企业	48.11	44.75	-3.35	47.46	45.45	-2.02
前四名企业	57.76	54.57	-3.19	57.2	54.9	-2.3
前五名企业	63.71	60.6	-3.11	63.2	60.84	-2.36
前六名企业	69.45	66.5	-2.96	68.98	66.64	-2.34
前七名企业	74.65	71.49	-3.16	74.1	71.44	-2.66

对数据的分类亦非常重要，我们称其为指标分组法，通常是将属性、特征相同或相近的个体现象或事物归并为一组，并按组汇总整理，以便能具体认识市场经济现象的特性，获得描述市场经济现象中某些事物总体的综合性的信息。譬如，玩具店为了更有针对性地开发新玩具，需要了解顾客对玩具的喜好，那么可以对之前玩具销量情况进行分组统计，获得诸如毛绒玩具在不同人群中的销量、益智玩具在不同人群中的销量、电动玩具在不同人群中的销量、智能玩具在不同人群中的销量，经过对比确定未来玩具的研发方向和营销策略。此外，还可以采用指标体系法，将那些不同类型但互有联系的数据信息组合起来，用共同形成的特征揭示市场经济现象的全貌和本质。

8.2.3　信息存储与重组

在经过数据的筛选、汇总、组合等处理后，可以确定需要存储的主要数据和信息。对于数据表大家都比较熟悉，生活中也随处可见，比如学生信息表、员工信息表、销售数据表、财务报表等。但在竞争情报领域，还有一些难以转化为数据的文本需要存储。这时需要将这些信息抽象成具体的属性名称，设计出信息的存储表格。譬如，针对各种新闻报告，可能抽取的字段包括日期、信息内容摘要、信息来源、可靠度、对企业可能的影响等。针对企业内部日常工作记录，可能需要存储的字段包括信息来源部门、具体指标数据、内容摘要、对企业战略的影响、密集程度等。针对竞争对手日常工作信息，可能需要存储的字段包括日期、竞争对手、信息内容摘要、变化情况、信息来源、准确性、战略影响等。

存储毕竟不是竞争情报搜集的目的，情报搜集的目的是使用所搜集到的信息，并将其转化为有价值的情报。所以，为了满足企业对所采集信息使用的要求，必须还要根据本企业的需要，对信息进行再次的重组，通常可能会采用汇编法、摘录法和综合法。

汇编法是根据企业的具体需求，确定若干专题，然后按专题从搜集到的信息中将与该主题有关的信息提取出来，汇编一处，形成一个有机的信息组合。摘录法是根据企业需要，确定若干专题，然后按照专题，从搜集到的信息中将与该专题有关的信息摘录其主要事实和数据，形成以原始信息为单元的文摘。综合法是针对某一产品、某一行业、某一对手或某一技术领域在某一时期内的大量原始信息进行分析、归纳和综合的方法。

经过竞争情报处理后所得到的信息或数据已经具有了较强的针对性，接下来需要利用具体的信息分析方法对其进行分析，从而得到更有价值的情报。

9

竞争情报分析

竞争情报分析是竞争情报领域最为重要的环节，需要选择恰当的情报分析方法，对经过数据处理后的有序数据进行定性或定量分析，形成分析报告，为决策制定提供支撑。可以说，情报分析是竞争情报的本质所在。情报分析并不是把所有的情报材料进行综合、压缩或总结，而是通过比较它们的相同之处、矛盾之处，找出哪些可能是真实和重要的，哪些是真实但不重要的，哪些真实性是令人怀疑的，哪些是可以支撑决策的，哪些是相互关联的等。这个过程是信息的“情报化”过程，是汇集零散信息成为具有新价值的综合性情报的过程，是使信息增值的过程。在分析与加工的过程中，需要使用分析工具、分析技巧和科学总结、推理方法，进行科学抽象和理性思维，将定性和定量分析相结合。

目前，信息分析方法已经较为成熟，形成了较完善的体系结构，早在 1996 年王向斌[①]就提出信息分析体系，将情报研究的方法体系分为定性分析法和定量分析法。他认为，定性分析法主要包括对比与类比、分析推理和综合抽象。定量分析法主要包括以回归分析法和时间序列分析法为代表的因果关系和趋势外推分析，由主成分分析法、因子分析法和典型相关分析法为代表的变量变换类分析，由德尔菲法、层次分析法和交叉影响法为代表的定性定量转化类分析，以聚类分析法和判别分析法为代表的定量向定性转化类分析。1998 年王秀梅[②]提出一个较为完整的信息分析体系。在这个体系中，将信息分析方法分为定性方法、定量方法和定性与定量相结合的方法。定性方法包括直觉思维、灵感思维、抽象思维、创造性思维、分析与综合、归纳与演绎、比较方法、相关分析法等。定量方法包括文献计量法、系统分析法、时间序列预测、趋势外推、回

① 王向斌．情报研究的方法体系［J］．情报理论与实践，1996（6）：20-23.

② 王秀梅．试论情报分析研究方法的体系建议［J］．情报理论与实践，1998，21（5）：259-260.

归分析、马尔科夫预测、多元分析、投入产出分析、灰色系统理论、系统动力学等。定性与定量相结合的方法有德尔菲法、层次分析法等。本书结合不同学者观点及笔者自己的研究观点，将竞争情报分析较特殊的方法归为以下几类，如表 9-1 所示。

表 9-1 竞争情报分析常用方法

	类别	方法举例
定性分析法	综合抽象	竞争态势分析
	分析推理	情景规划分析
	对比与类比	基准调查分析
定量分析法	因果关系类	统计分析法、时间序列分析法
	趋势外推类	外推法、时间序列分析法
	变量变换类	主成分分析法、因子分析法
	优劣比较类	综合指标法、极值选择法
	文献计量类	共词共现分析法、引文共引分析法
定性与定量相结合	定性—定量转化类	德尔菲法、层次分析法
	定量—定性转化类	洛伦兹曲线分析法、聚类分析法、判别分析法

9.1 定性分析法

定性分析是指获得关于研究对象的质的规定性的方法，其中归纳法、演绎法、求同法、推理法、原理法、综合法、简单比较法、历史分析法、反馈法、交叉影响分析法等都属于基础的定性分析法。但在竞争情报分析中，更多是针对企业需求而展开的，因此常用的定性分析方法有三类，即竞争态势分析、情景规划分析和基准调查分析。

9.1.1 竞争态势分析

竞争态势分析关注的主要问题是：现在的市场有什么特点，市场的变化趋势如何；市场中现有和潜在的竞争对手的实力如何，优劣何在；外部环境存在哪些机会和威胁；本企业的优势和劣势是什么；本企业应该采取何种竞争战略等。最常用的分析工具就是 SWOT 分析法。

SWOT 分析法代表分析企业的优势（Strength）、劣势（Weakness）、机会（Opportunity）和威胁（Threats），是对企业内外部条件的各方面内容进行归纳和概括，进而分析组织的优劣势、面临的机会和威胁，也是战略分析和战略选择中常用的一种分析方法。其中，优劣势的分析主要是着眼于企业自身的实力及其与竞争对手的比较，而机会和威胁分析将注意力放在外部环境变化对企业的可能影响上。

在企业外部环境分析中，需要对企业面临的一般环境，通常包括政治、经济、社会、技术等各方面要素进行扫描、分析；对企业面临的产业环境，包括竞争对手、客户、供应商、潜在进入者、替代品等进行分析；对行业内企业形成的战略集团进行分析；对重点竞争对手进行详细的竞争对手分析，然后总结出关键性的外部要素，形成外部因素评价矩阵。

外部因素评价矩阵（External Factor Evaluation Matrix，EFE 矩阵）是一种对外部环境进行分析的工具，可帮助战略制定者归纳和评价外部因素，其做法是从机会和威胁两个方面找出影响企业未来发展的关键因素，根据各个因素影响程度的大小确定权重，再按企业对各关键因素的有效反应程度对各关键因素进行评分，最后算出企业的总加权分数。通过 EFE 矩阵，企业就可以把自己所面临的机会与威胁汇总，来刻画出企业的全部吸引力。

具体操作步骤如下：

（1）列出外部分析过程中确认的外部因素，一般 10~20 个，因素包括对企业来说的各种机会和威胁，分别列置。

（2）赋予每个因素权重，从 0.0（不重要）到 1.0（重要）打分。所有因素的权重总和必须等于 1。

（3）按照企业现行战略对各关键因素的有效反应程度为各因素进行 1~4 评分，1 代表反应很差，2 代表平均水平，3 代表超过平均水平，4 代表反应很好。

（4）用因素的权重乘以评分，得到各因素的加权分数。

（5）将所有因素的加权分数求和，得到总加权分数。

无论 EFE 矩阵包含多少因素，总加权分数的范围都是从最低的 1.0 到最高的 4.0，平均分为 2.5。高于 2.5 分说明企业对外部影响因素能做出反应，否则说明企业对外部影响因素的反应能力较差。表 9-2 是一家无烟烟草公司根据外部要素分析后形成的 EFE 矩阵。

表 9-2 无烟烟草公司的 EFE 矩阵

关键外部因素	权重	评分	加权分数
机会			
1. 全球无烟烟草市场实际上还没有被开发	0.15	1	0.15
2. 禁烟活动导致的需求增加	0.05	3	0.15
3. 惊人的网上广告的增加	0.05	1	0.05
4. 平克顿（Pinkerton）是折扣烟草市场的领先公司	0.15	4	0.60
5. 更大的社会禁烟压力使吸烟者转向替代品	0.10	3	0.30
威胁			
1. 不利于烟草工业的立法	0.10	2	0.20
2. 对烟草业的限产加剧了生产竞争	0.05	3	0.15
3. 无烟烟草市场集中一定的地区	0.05	2	0.10
4. 粮食和药物管理局进行的不利于公司的媒体宣传	0.10	2	0.20
5. 政府政策	0.20	1	0.20
总计	1.00		2.10

企业内部环境分析通常会对企业核心资源和核心竞争力进行分析，即寻找出在企业内满足具有价值、独特性、稀缺性、难以模仿性、难以替代性的资源和能力。具体可以采用功能分析法，对企业各个功能性活动或职能部门情况进行分析；采用价值链分析法，从企业产品价值增值的各个环节进行分析；采用Benchmarking 标杆对比分析法，通过对比行业标准或其他企业情况进行分析，最终发现企业的优势和劣势，形成企业的内部因素评价矩阵。

内部因素评价矩阵（Internal Factor Evaluation，IFE）是总结和评价企业各职能领域的优势和劣势的常用分析工具。其做法是从优势和劣势两个方面找出影响企业未来发展的关键因素，根据各个因素影响程度的大小确定权重，再按企业对各关键因素的有效反应程度对各关键因素进行评分，最后算出企业的总加权分数。通过 IFE，企业就可以把自己所面临的优势与劣势汇总，来刻画出企业的全部引力。

具体操作步骤如下：

（1）列出内部分析中确定的关键因素，10～20 个，包括优势和劣势两方面。

（2）赋予每个因素权重，从 0.0（不重要）到 1.0（重要）打分。所有因素的权重总和必须等于 1。

（3）为各因素进行评分。1 代表重要劣势；2 代表次要劣势；3 代表次要优势；4 代表重要优势。值得注意的是，优势的评分必须为 4 或 3，劣势的评分必须为 1 或 2。

（4）用因素的权重乘以评分，得到各因素的加权分数。

（5）将所有因素的加权分数相加，得到总加权分数。

当因素既构成优势又构成劣势时，需要在矩阵中出现两次，分别给予权重和评分。无论 IFE 矩阵包含多少因素，总加权分数的范围都是从最低的 1.0 到最高的 4.0，平均分为 2.5。总加权分数大大低于 2.5 分的企业的内部状况处于弱势，而分数大大高于 2.5 分的企业的内部状况则处于强势。表 9-3 是美国企业 Civcus Circus 在进行内部条件分析后列出的 IFE 矩阵。

表 9-3　无烟烟草公司的 IFE 矩阵

Civcus Circus Enterprises	权重	评分	加权分数
内部优势			
1. 美国最大的赌场公司	0.05	4	0.20
2. 拉斯维加斯的客房入住率达到 95%以上	0.10	4	0.40
3. 活动现金流动增加	0.05	3	0.15
4. 拥有拉斯维加斯狭长地带一英里的地产	0.15	4	0.60
5. 强有力的管理队伍	0.05	3	0.15
6. 大多数场所都有餐厅	0.05	3	0.15
7. 员工素质较高	0.05	3	0.15
8. 长期计划	0.05	4	0.20
9. 热情待客的声音	0.05	3	0.15
10. 财务比率	0.05	3	0.15
内部劣势			
1. 绝大多数房产都位于拉斯维加斯	0.05	1	0.05
2. 缺乏多样化经营	0.05	2	0.10
3. 接待家庭游客，而不是赌客	0.05	2	0.10
4. 位于 Lauyhling 的房地产	0.10	1	0.10
5. 近期的合资经营亏损	0.10	1	0.10
总计	1.00		2.75

资料来源：弗雷德·R. 戴维等. 战略管理：概念与案例（第 16 版）[M]. 北京：清华大学出版社，2018.

在内外部环境分析的基础上，可以进一步采用 SWOT 分析法，将企业内部的优劣势与外部的机会威胁相匹配，生成恰当的战略行动方案，确定企业合理的竞争战略。SWOT 分析法也称 TOWS 分析法或道斯矩阵，20 世纪 80 年代初由美国旧金山大学的管理学教授韦里克提出，经常被用于企业战略制定、竞争对手分析等场合。通过 SWOT 分析，可以帮助企业把资源和行动聚集在自己的强项和有最多机会的地方，并让企业的战略变得明朗。其基本思想如图 9-1 所示。

	优势-S 1. 2.列出优势 3.	劣势-W 1. 2.列出劣势 3.
机会-O 1. 2.列出机会 3.	SO 战略 1. 2.发挥优势，利用机会 3.	WO 战略 1. 2.利用机会，克服劣势 3.
威胁-T 1. 2.列出威胁 3.	ST 战略 1. 2.利用优势，回避威胁 3.	WT 战略 1. 2.减小劣势，回避威胁 3.

图 9-1 SWOT 分析矩阵

图 9-1 中的机会、威胁和优势、劣势可以分别来自于 EFE 和 IFE 矩阵。利用 SWOT 矩阵的重点工作是进行企业内外部关键因素的匹配。一般来讲，由于客观上不存在最佳匹配方式，所以需要高层领导根据自己的主观分析对每个要素做出适当的判断。通过优势、劣势与机会、威胁间的匹配，可以得到相应的 SO、WO、ST、WT 四种竞争战略，企业根据实际情况对其进行选择。

竞争态势分析中要注意，搜集的情报和确定的关键要素应该准确，在制定对策之前需要仔细分析竞争态势，分析过程要理性和客观，注重全面性和整体性。要特别注意区分威胁和机会，有时一个要素利用好了成为机会，但利用不好可能成为威胁，这时可以将该因素在机会和威胁中均列上，根据优劣势进行匹配，寻找最佳应对措施。随着环境的不断变化，企业需要经常对竞争态势进行更新性分析。

9.1.2 情景规划分析

情景规划分析是以承认未来的不确定性和不可预测性为前提，提供关于某一问题的多种可能发展结果，并提供相应对策的分析方法。情景规划要求企业先设计几种未来可能发生的情形，接着再去想象会有哪些出人意料的事发生，这样可以帮助企业对看似扑朔迷离的未来有较为全面的认识和预测，做出的决策也更具弹性。而且情景规划能提供预防机制，使管理者能够处变不惊，从容应对。其分析流程如图 9-2 所示。

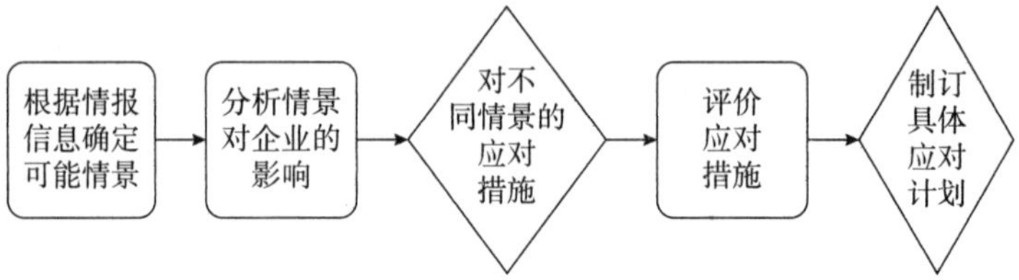

图 9-2　情景规划分析流程

从上面对情景规划分析的解释可以看出，它比较适用于当企业面临对一种预测或方案缺乏足够的证据来支持，缺乏可靠的信息来源；或即使拥有大量信息，仍然感到前景的不确定性；或企业准备进入新的行业或行业处于快速变化的状态，未知因素非常多；或在讨论中，发现不同的分析人员有着不同的看法等情况。此时应用情景规划法能够帮助企业预测到各种可能出现的情况，不打无准备之仗，在企业实际运营中，提高企业的应变速度。此外，由于情景分析过程会详细地考虑多方面因素，包括商业模式和运营流程，这有助于企业发现新的商业机遇。

9.1.3　基准调查分析

基准调查分析也常被称为标杆对比分析（Benchmarking），其核心思想是将外部企业的成就作为本企业发展目标，尽可能将外部最佳操作移植到本企业。分析过程就是将本企业的各商业流程状况与竞争对手或行业内一流企业进行对照分析，发现差距，分析原因，系统地寻找可改进的方案。其流程如图 9-3 所示。

基准调查分析根据面对问题的不同，需要选取的指标也会有很大差异，对标的企业也不一定是本行业内的，只要是可以学习的目标，且在研究的问题上具有可比性，均可采用基准调查分析法来对比分析。譬如，宝洁公司的营销管理做得非常好，3M 公司在团队创新管理和新产品开发方面表现优秀，迪士尼在娱乐产品设计和人员管理方面有先进经验，Toyota 的精细化管理超越一般公司，沃尔玛的物流管理和信息技术应用成效卓越，通用电气在业务流程重组和成本

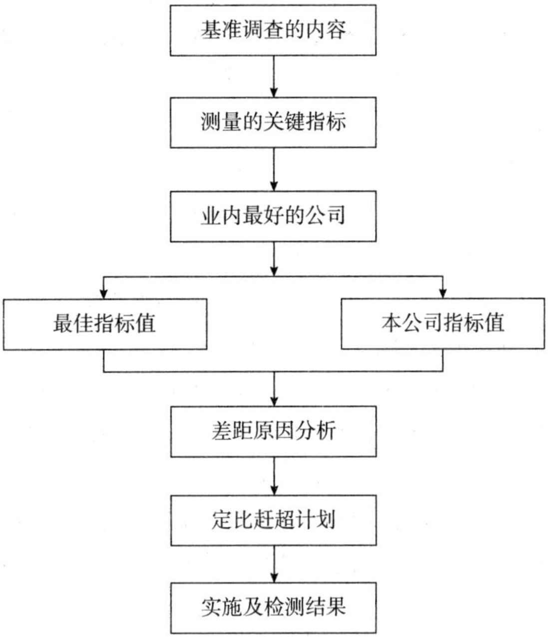

图 9-3 基准调查分析流程

控制方面具有优势，麦当劳在特许经营和服务一致性管理方面值得其他企业学习。这些企业的独到之处都是值得其他企业通过基准调查分析来挖掘其不同寻常的深层次原因，通过学习，应用于本企业。

但在大多数情况下，由于不同行业间的差异，基准调查分析的主要目的是以竞争对手和本行业内最佳企业为对象，调查对方的经营要素、客户满意度，发现自身企业的不足，制定赶超目标，改进内部运营。经常应用基准调查分析的企业能够不断完善改进，在企业内部构建形成学习型组织，促进企业创新。

9.2 定量分析法

9.2.1 统计分析法

统计分析法是根据市场情报研究的目的，运用统计综合指标和各种分析法，将已整理的数字资料结合具体情况，由此及彼、由表及里地进行分析、概括，以揭示事物的内在联系及其发展规律。在市场情报研究中，统计分析法常应用于计划完成情况分析、综合分析和专题分析等。常用的统计分析法有总量统计法、平均数统计法、指数统计法、图表统计法、回归分析法、趋势分析法、因素分析法等。其中，总量统计法、平均数统计法、指数统计法、图表统计法是日常统计中经常采用的方法，在本书中将不再赘述。

回归分析法中常用的是线性回归，即通过拟合因变量（Dependent）和自变量（Independent Variable）之间的最佳线性关系来预测目标变量的方法。最佳拟合是通过确保每个实际观察点到拟合形状的距离之和尽可能小而完成的。最佳拟合指的是没有其他形状可以产生更小的误差了。线性回归的两种主要类型是简单线性回归（Simple Linear Regression）和多元线性回归（Multiple Linear Regression）。简单线性回归使用单一的自变量，而多元线性回归使用多个自变量，两者均通过拟合出最佳的线性关系来预测因变量。

趋势分析法常用的有时间序列分析法和外推法。因素分析法主要包括用于降维的主成分分析法和因子分析法，以及因素间的相关性分析法。后面几节将分别对时间序列分析法、外推法、主成分分析法和因子分析法进行介绍，这里简单介绍一下相关分析法。所谓相关分析法，是研究两个或两个以上处于同等地位的随机变量间的相关关系的统计分析方法。例如，人的身高和体重之间、空气中的相对湿度与降雨量之间的相关关系都是相关分析研究的问题。其目的主要挖掘总体中确实具有联系的因素，并通过相关系数值来测度因素间相互关联的密切程度。若一个因素指标随另一个因素指标的上升而上升，则两者间是正相关关系，反之为负相关关系。相关分析与回归分析之间的区别主要体现在回归分析侧重于研究随机变量间的依赖关系，以便用一个变量去预测另一个变量；相关分析侧重于发现随机变量间的种种相关特性。两者不仅在情报领域，而且在工农业、水文、气象、社会经济和生物学等方面都得到了广泛应用。

9.2.2 时间序列分析与外推法

时间序列是按照时间顺序排列，观察或记录下来的一组数据序列。它的特点体现在它是一组现实的、真实的、动态的数据，而不是数理统计中做实验得到的。由于它是真实的，动态的，所以一组时间序列数据是能够反映一段时期内，一种现实现象的一组统计指标，若这个现象存在一定的规律性，那时间序列必然会存在一定的规律性，所以基于时间序列的分析可以发现某一现象的潜在变化规律。

对于搜集到的时间序列数据，一般要分析三种现象，即趋向变动、周期变动和不规则变动。这里趋向变动是指时间序列朝一定的方向变动或停留在某一水平的倾向。周期变动包含循环变动和季节性变动，前者指较长时期的周期波动；后者是指每年都在特定的月份或季节出现一次变化。不规则变动又分为突然变动和随机变动，前者是指由自然灾害和社会因素等意外事件引起的变动；后者是指大量的随机因素产生的宏观上的影响。对这些变动的分析可以总结出这一现象的某些变化规律，从而预测未来可能出现的情况。图 9-4 中的四个图形是四种常见的时间序列图，其中图 a 是无趋势的，图 b 是线性趋势的，图 c 是非线性趋势的，图 d 是季节性趋势的。

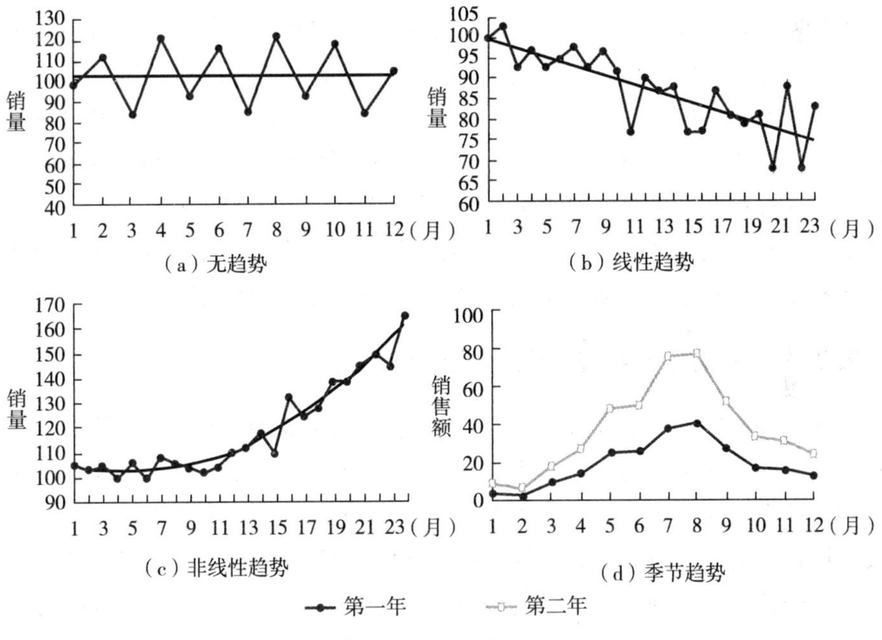

图 9-4 四种时间序列示意图

时间序列分析的基本步骤大致如下：

首先，用观测、调查、统计、抽样等方法取得被观测系统时间序列动态数据。

其次，根据动态数据做散点图或相关图，进行相关分析。相关图能显示出变化的趋势和周期，并能发现跳点和拐点。跳点是指与其他数据不一致的观测值。如果跳点是正确的观测值，在分析趋势时应考虑进去，如果是反常现象，则应把跳点调整到期望值。拐点则是指时间序列从上升趋势突然变为下降趋势的点。如果存在拐点，则在建模时必须用不同的模型去分段拟合该时间序列，例如采用门限回归模型。

最后，在第二步经过调整后的图形基础上，辨识并利用合适的函数模型，进行曲线拟合，即用通用随机模型去拟合时间序列的观测数据。对于短的或简单的时间序列，可用趋势模型和季节模型加上误差来进行拟合。对于平稳时间序列，可用通用 ARMA 模型（自回归滑动平均模型）及其特殊情况的自回归模型、滑动平均模型或组合-ARMA 模型等来进行拟合。当观测值多于 50 个时一般都采用 ARMA 模型。对于非平稳时间序列则要先将观测到的时间序列进行差分运算，化为平稳时间序列，再用适当模型去拟合这个差分序列。

外推法（Extrapolation）是根据过去和现在的发展趋势推断未来的一类方法的总称。该方法首先假设某一事物未来的变化量的大小和目前已知的变化规律相同，并继续以同样比率沿同一方面或曲线发展变化，由此，可以根据目前已知的情况推知未来某一时刻或某一条件下的可能情况。例如，在图 9-4 中，根据图 b 的线性趋势，可以外推出第 24 个月的销量大约是 73；根据图 c 的抛物线趋势，可以外推出第 24 个月的销量在 165 左右。外推法常与时间序列分析或回归分析相结合，用于对未来的发展远景、发展趋势的预测性情报分析研究。

9.2.3 主成分分析法与因子分析法

主成分分析法是当若干个指标之间存在相关关系时，可以利用统计方法，通过正交变换将相关的内容分离出来形成一个单独的指标，最终将较多的相互影响的指标合并为少数几个相互无关的指标。例如，在设计服装时，需要考虑身长、袖长、胸围、肩宽、肩厚等十几项指标，但这些指标之间是相互影响的。在统计学中认为，当两个自变量之间有一定相关关系时，可以解释为这两个自变量反映因变量的信息有一定的重叠性，而变量之间信息的高度重叠和高度相关会给统计方法的应用带来许多障碍。为了解决这类问题，最简单和直接的办法就是削减变量的个数，但直接减少变量的个数，必然会导致信息的丢失或不完整等问题。为此，人们探索出主成分分析法，既能大大减少参与数据建模的变量个数，同时也不会造成信息的大量丢失。在上述的例子中，利用主成分分析可以将这十几项指标合并为两项，一项反映身长，另一项反映胖瘦，这样问题就变得简单多了，更容易帮助人们厘清分析问题的思路。所以，可以看出主成分分析法的优势在于可以有效降低变量维数，将一个含有多个变量的复杂问题转化为只包含少数几个变量的相对简单的问题，因此得到广泛应用。

主成分分析法以最少的信息丢失为前提，将众多的原有变量综合成较少几个综合指标，这些综合指标也被称为“主成分”或“因子”。这些主成分并不是原有变量的简单取舍，而是原有变量重组后的结果，因此不会造成原有变量信息的大量丢失，并能够代表原有变量的绝大部分信息。且各主成分之间需满足互不相关性，因此用主成分替代原有变量参与数据建模，不仅能够大大减少分析过程中的计算工作量，而且有效地解决了变量信息重叠、多重共线性等影响统计分析的诸多问题。

因子分析法与主成分分析法都是基于统计分析法，对原有变量进行降维的方法，但两者在原理上有较大的区别。主成分分析是通过坐标变换提取主成分，也就是将一组具有相关性的变量变换为一组独立的变量，将主成分表示为原始观察变量的线性组合。而因子分析法是要构造因子模型，将原始观察变量分解为因子的线性组合。所以它们之间的主要区别在于建立线性方程组时所考虑的方法存在差异，主成分分析法将主成分表示为原观测变量的线性组合，通过正交变换，把一组有相关性的变量转成为一组维数相同的独立变量，再根据总方差误差的允许值从这些独立的新变量中选择出一定数量的主成分。而因子分析是将原观测变量表示为新因子的线性组合，因子数小于原来的变量个数，从而构造出一个结构简单的模型。在因子分析中，因子个数需要分析者指定，指定的因子数量不同，结果也会有所不同。和主成分分析相比，由于因子分析可以使用旋转技术帮助解释因子，在解释方面更加有优势。大致说来，当需要寻找潜在的因子，并对这些因子进行解释的时候，更加倾向于使用因子分析，因此，因子分析法相对于主成分分析法又向前推进了一步。两者具体统计分析的数学原理和计算步骤这里不再赘述，大家可以在统计学书中获得详细解释。

9.2.4 综合指标法与极值选择法

当存在多个关键情报课题或多种情报执行方案时，由于限制条件的存在只能选取一定数量的情报课题或某一种执行方案，此时，管理者不得不做出最终的抉择。但抉择总是困难的，我们总是期望能有一个指标帮助我们做出科学合理的选择，这时可以采用综合指标法和极值选择法。

综合指标法往往是与定性研究相结合的，在定性评价各指标分值的情况下，计算出评价关键情报课题或方案的最终得分。这种方法实质就是构建一个评价矩阵，在评价矩阵左边一列是评价关键情报课题或具体行动方案有效性的因素，矩阵最上方的一行为可行性备选方案，可以为左边的关键评价要素赋予权重，具体方案在每个要素上的得分可以依据事实调研的情报得出，也可以由专家评分产生。最终根据综合评价指标模型，可以计算出每个方案的最终得分，从而做出选择。评价矩阵构建如表 9-4 所示。该方法的优点是：第一，能够综合考虑到多方面的因素，避免一些评价要素被忽略或偏重；第二，基于对各方案的评价，可以看出各方案的优劣势，即使最终选择出的方案，也可以根据评价矩阵进一步改进和完善。

表 9-4　综合指标法的评价矩阵构建方法

关键要素	备选方案			
	权重	方案 1	方案 2	方案 3
时间				
成本				
人力				
物力				
目标				
效果 ……				
综合指标得分				

极值法是采用极限思维方式解决一些模糊问题的解题技巧。它是将题设构造为问题的两个极端，然后依据有关知识来判断极端情况。极值选择法采用了极值法的思想，当为满足某项要求确定的问题解决方案、途径、方法、措施等难以通过详细比较选择时，可以按其极值（如绝对值、平均值、最佳值等）的大小，来筛选其中极值最大或最小的一两种方案作为备选方案，然后进行详细比较，确定出最后采用者。对不同问题，建模求得极值的方法也需要进行判断，确定其适用性。

9.2.5　文献计量分析法

文献计量法最早是基于文献量的分析，由于文献量的变化与科学技术发展之间存在着一定的内在联系，从而可以利用文献量的变化表征和预测这一科学领域的发展情况，包括科学技术的发展历史、现状和未来趋势。随着文献计量学的发展，已有很多成熟的文献计量分析模型，如用于揭示文献作者分布规律的洛特卡定律、用于揭示文献学科分散规律的布拉德福定律、用于揭示词频分布规律的齐普夫定律、用于揭示文献增长规律的普赖斯指数增长模型、用于揭示文献老化规律的布鲁克斯负指数模型。此外，文献计量法还包含进行文献引文分析的一系列指标计算公式，如期刊的引文率、影响因子、被引指数等。

近年，随着科学知识图谱的发展和信息可视化的热潮，涌现出不少科学知识图谱绘制工具。研究者们也在传统文献计量基础上，提出许多新的文献分析方法来实现以图像形式展现文献中挖掘出的知识主题间的结构关系和演化脉络。其中，陈超美博士开发的 CiteSpace 是最为流行的绘制工具之一，其思想是将某个科学领域中的新文章作为研究前沿，认为它们是科学文献的暂时性成分，还没有稳定，未来可能成为经典，也可能蒸发。而被这些文章应用的引文就是形成研究前沿的基础知识，那么一个学科的知识基础是对应于研究前沿的所有前期文献集合。这样，就可以挖掘出一个领域从研究前沿到知识基础间的时间映射关系。该软件不仅具备词频统计、引文共引、共词、聚类、突现词与突现引文检测等分析功能，而且能够通过时间切片，揭示科学知识的结构关系和发展进程，探寻学科领域演化路径。

在目前的科学知识图谱绘制中，应用最多的两种分析方法是共词共现分析法和引文共引分析法。共词共现中，“共词”指相同的词，“共现”指文献的特征项描述的信息共同出现的现象，这里的特征项包括文献的外部和内部特征，如题名、作者、关键词、机构等，它们最终会被文本挖掘软件提取为词的形式。共词共现分析认为，当两个关键词同时或重复出现在一篇文章时，说明这两个词具有较近的距离，结合聚类分析，可将多次共同出现的关键词表示为中心点，关联的众多词聚类为一个主题，从而构建具体领域中的主题概念结构关系。因此，共词共现分析是通过挖掘词汇的共现模式来探寻各研究主题间关系的计量方法①。引文共引分析属于引文分析的一种。引文共引分析是从引文分析中派生出来的，引文分析是运用数学和计算机等方法和手段，分析文献之间的引证和被引证关系，即知识联系和知识网络，揭示文献之间知识流动规律的一种计量方法。当第三篇文献引用其中两篇文献时，这两篇文献被称为共同引用，两

① Hu J, Zhang Y. Research Patterns and Trends of Recommendation System in China Using Co-word Analysis [J]. Information Processing & Management, 2015, 51 (4): 329-339. Ravikumar S, Agrahari A, Singh S. N. Mapping the Intellectual Structure of Scientometrics: A Co-word Analysis of the Journal Scientometrics (2005-2010) [J]. Scientometrics, 2015, 102 (1): 929-955.

篇文献之间的共同引用关系是以引用这两篇文献的文章数量来衡量的。所以，引文共引分析是通过同时被其他文献引用的频次来表达文献间的关系，即两份文献同时被其他文献引用，其引用的频次越高，表明关系越密切，意味着这两份文献的学科背景越相似①，基于引文共引可以帮助人们更好地理解和定量地揭示科学的结构、亲缘关系和演化规律。

专利文献也是文献计量分析中的重要数据源，世界知识产权组织（WIPO）的有关统计资料表明，专利包含了全世界90%~95%的发明创造成果，这意味着专利数据库已成为最大的技术和知识的信息源。基于专利数据的统计分析和文本挖掘对一个领域的技术发展过程与趋势判断是非常重要的，为此也出现了许多专利分析工具，比较有代表性的包括美国Thomson公司开发的专利分析工具Thomson Data Analyze（TDA）、Thomson集团旗下的Aureka专利分析软件、我国国家知识产权局知识产权出版社开发的PIAS专利信息分析系统、智慧芽公司开发的智慧芽（Patsnap）专利数据库及专利分析软件、大为PatentEX专利分析系统、恒和顿的HIT恒库，以及东方灵盾中外专利检索及战略分析平台等。

9.3 定性与定量相结合的方法

9.3.1 德尔菲法

德尔菲（Delphi）是古希腊地名，是太阳神阿波罗的居住之地，被称为神谕之地。20世纪50年代末，美国为了预测在其“遭受原子弹轰炸后，可能出现的结果”而发明了一种专家预测法，该方法是在专家个人判断法和专家会议调查法的基础上发展起来的。由于太阳神阿波罗具有预测未来的能力，因此采用德尔菲命名该方法，表示是通过卓越人物来洞察和预见未来的一种方法，后来德尔菲法被广泛用于预测未来、决策分析和编制规划工作等。

德尔菲法本质上是一种反馈匿名函询法，其大致流程如图9-5所示，是在对所要预测的问题征得专家的意见之后，进行整理、归纳、统计，再匿名反馈给各专家，再次征求意见，再集中，再反馈，直至得到稳定的意见。

---

① Dong D., M. Chen. Publication Trends and Co-citation Mapping of Translation Studies between 2000 and 2015 [J]. Scientometrics, 2015, 105 (2): 1111-1128.

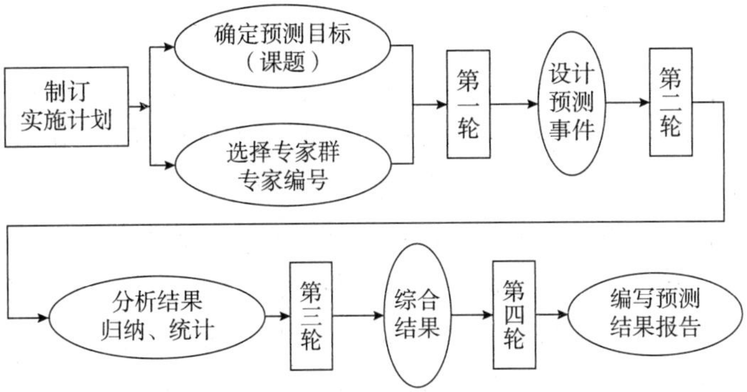

图 9-5　德尔菲法的工作流程示意图

由此可见，德尔菲法是一种利用函询形式的集体匿名思想交流过程。它有区别于其他专家预测方法的三个明显的特点，即匿名性、多次反馈性和统计性。匿名是德尔菲法极其重要的特点，从事预测的专家彼此不知道其他有哪些人参加预测，他们是在完全匿名的情况下交流思想的。尽管后来改进的德尔菲法允许专家开会进行专题讨论，但每个人最终的选择仍然是匿名的。多次有控制的反馈能够保证德尔菲法的有效性，由于小组成员的交流是通过回答组织者的问题来实现的，因此一般需要经过若干轮反馈才能完成预测。另外，德尔菲法会统计专家回答结果的分布情况。最典型的小组预测结果是反映多数人的观点，少数派的观点至多概括地提及一下，但这样没有体现出小组的不同意见的状况。而德尔菲法的统计却不是这样，它报告一个中位数和两个四分点，其中一半落在两个四分点内，一半落在两个四分点之外。这样，每种观点都包括在这样的统计中，避免了专家会议法只反映多数人的观点的缺点。

德尔菲法特别适用于两类课题：一是对于缺乏足够原始数据的军事和技术领域的预测，以及需要根据众多因素的影响才能做出评价的军事和技术领域的预测；二是对于那些社会、经济、科学技术的发展在很大程度上取决于政策和人为的努力，而不是主要取决于该领域本身的预测。它可以用来对达到某一目标的条件、途径、手段及它们的相对重要程度做出估计；对未来事件实现的时间进行概率估计；对某一方案在总体方案中所占的最佳比重做出概率估计；对研究对象的动向和在未来某个时间所能达到的状况、性能等做出估计；对方案、技术、产品等做出评价，或对若干备选方案、技术、产品评价出相对名次，选出最优者等。

9.3.2 层次分析法

层次分析法（AHP）是美国运筹学家匹茨堡大学教授萨蒂（T. L. Saaty）于20世纪70年代初，为美国国防部研究“根据各个工业部门对国家福利的贡献大小而进行电力分配”课题时，应用网络系统理论和多目标综合评价方法，提出的一种层次权重决策分析方法。这种方法的特点是在对复杂的决策问题的本质、影响因素及其内在关系等进行深入分析的基础上，利用较少的定量信息使决策的思维过程数学化，从而为多目标、多准则或无结构特性的复杂决策问题提供简便的决策方法，也是对难以完全定量的复杂系统做出决策的一种分析模型和方法。

层次分析法的基本原理是将复杂系统中的各种因素，依据相互关联及隶属关系划分为一个递阶层次结构；依赖专家经验及直觉评判同一层次内因素的相对重要性，并用一致性准则检验评判的准确性；然后在递阶层次结构内进行合成；以得到决策因素相对于目标的重要性的总排序，最终使问题归结为最低层（供决策的方案、措施等）相对于最高层（总目标）的相对重要权值的确定或相对优劣次序的排定。具体过程是将决策问题分为三个或多个层次。首先最高层为目标层，表示解决问题的目的，即层次分析要达到的总目标，通常有且只有一个总目标。然后将总目标分解为若干中间层，表示采取某种措施、政策、方案等实现预定总目标所涉及的中间环节，一般分为准则层、指标层、策略层、约束层等。最底层为方案层，会体现出将选用的解决问题的各种措施、政策、方案等，通常会有多个方案可选。层与层之间的不同元素间通过直线连接，如图9-6所示，同一层的诸因素从属于上一层的因素或对上层因素有影响，同时又支配下一层的因素或受到下层因素的作用。

层次分析法所要解决的关键问题是相对权重问题，在确定各层次各因素之间的权重时，如果只是定性的结果，则常常不容易被别人接受，因而Saaty（2003）等人提出一致矩阵法，即不把所有因素放在一起比较，而是两两相互比较，以尽可能减少性质不同的诸因素相互比较的困难，提高准确度。如对某一准则，对其下的各方案进行两两对比，并按其重要性程度评定等级，两两比较结果构成的矩阵称作判断矩阵。心理学家认为，成对比较的因素不宜超过9个，因此，在原则上层次分析法的每个层次的因素不超过9个，若多于9个应进一步分解出子准则层。然后，对每个判断矩阵计算最大特征根及对应特征向量，利用一致性指标、随机一致性指标和一致性比率做一致性检验。若检验通

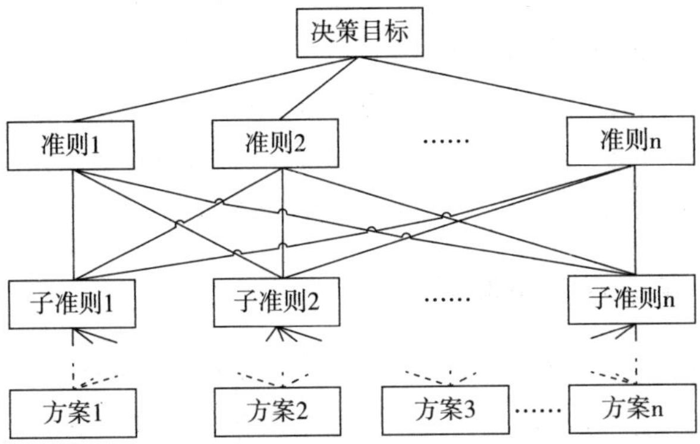

图 9-6 层次分析法的层次分解示意图

过，特征向量（归一化后）即为权向量；若不通过，需重新构造成对比较阵。最后，计算最下层对目标的组合权向量，并根据公式做组合一致性检验，若检验通过，则可按照组合权向量表示的结果进行决策，否则需要重新考虑模型或重新构造那些一致性比率较大的成对比较阵。

譬如，你要为假期到底去哪里旅游做决策，假设已经有三个旅游胜地 A、B、C 供你选择，你主要会考虑景色、费用和居住与饮食条件三方面因素来比较这三个候选地，此时就可以采用层次分析法。图 9-7 给出了经过两两比较与一致性检验与归一化处理后确定的权重值，据此可以分别计算出旅游地 A、B、C 的最后得分。

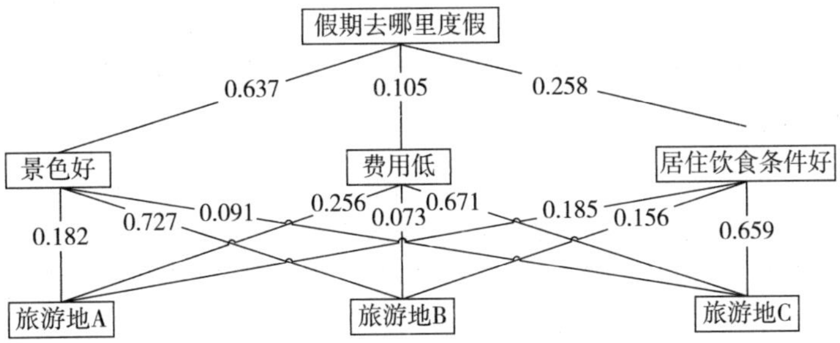

图 9-7 层次分析法举例

旅游地 A：0. 182×0. 637+0. 256×0. 105+0. 185×0. 258＝0. 190

旅游地 B：0. 727×0. 637+0. 073×0. 105+0. 156×0. 258＝0. 511

旅游地 C：0. 091×0. 637+0. 671×0. 105+0. 659×0. 258＝0. 298

根据计算出来的得分，可以选择旅游地 B。从中也可以看出，选择者更看重的是景色好这个准则。层次分析法的优点是把定性方法与定量方法有机地结合起来，使复杂的问题可以得到系统的分解，将人们的思维过程数学化、层次化、清晰化。但它也存在一定局限性，譬如不能给决策者提供新的解决方案，只能在已有方案中做比较，且权重确定过程比较复杂，定性的成分也比较大。

9.3.3 洛伦兹曲线分析法

洛伦兹曲线（Lorenz Curve）是统计学家 M. O. 洛伦兹（Max Otto Lorenz）在 1907 年为研究国民收入在国民之间的分配问题提出的。该曲线用横轴表示人口（按收入由低到高分组）的累积百分比，纵轴表示收入的累积百分比，绘制出两者对应关系的曲线图即为洛伦兹曲线。通过洛伦兹曲线可以直观地看到一个国家收入分配平等或不平等的状况。

将洛伦兹曲线引入到商业领域，可以成为研究竞争态势的一个有效工具，反映行业内各厂商所占市场份额的分配情况。市场上各厂商占有的市场份额越均匀，表示这个行业的竞争度越低，市场尚处于自由竞争的阶段；而如果市场上几家大厂商瓜分了大部分市场份额，就表明竞争已经进入了寡头竞争的阶段。

具体步骤是：首先，计算需要统计的各品牌的市场占有率，按市场占有率从小到大排序。其次，计算累计市场占有率。例如，对于一个存在 10 个品牌的市场，可以先把 10 个品牌的市场占有率统计出来，按照从小到大的顺序排列，如表 9-5 第一和第二列所示，然后计算出累计市场占有率，如表 9-5 第三列所示。然后，建立坐标系，以横轴为企业数量，纵轴为累计市场占有率，将上述表格上的数据标注在图中，并以平滑曲线进行连接，就可以得到一条向下凹的洛伦兹曲线，如图 9-8 所示。

表 9-5 某市场十个品牌的市场占有率情况 单位：%

品牌	市场占有率	累计市场占有率
1	1.35	1.35
2	2.07	3.42
3	2.52	5.94
4	3.25	9.19
5	3.7	12.89

续表

品牌	市场占有率	累计市场占有率
6	3.87	16.76
7	6.04	22.8
8	19.77	42.57
9	22.49	65.06
10	34.94	100
合计	100	—

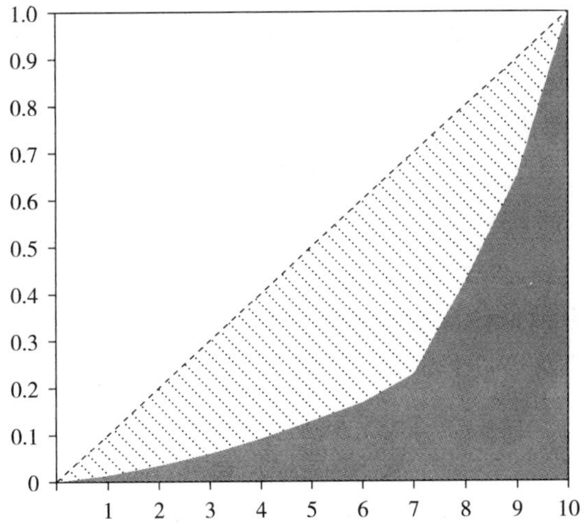

图 9-8　根据表 9-5 的数据绘制的洛伦兹曲线

洛伦兹曲线中，从坐标原点到正方形相应另一个顶点的对角线为均等线，即收入分配绝对平等线，在图 9-8 中为每个企业的市场占有率均相等的线，这样的线一般是不存在的。实际洛伦兹曲线都在均等线的右下方。洛伦兹曲线越凹向底边，或凹向正方形右下方的顶点，表明市场上的品牌所占有的市场份额越不均匀，大多数小品牌只拥有一个较低的累积市场份额，而少数大品牌拥有市场份额的绝大部分。可见，通过绘制这样的曲线，能够很直观地反映出市场的竞争状况。但如果想用更量化的数据来反映竞争状况，还可以计算出洛伦兹曲线与绝对公平线之间的面积占半个正方形面积的比值，该比值的取值范围为 0~1，值越大，反映出寡头垄断的程度越高。

9.3.4 聚类分析法

人们很早就开始用分类的方式来更好地认识这个世界，比如如何区分动物和植物，如何区分猫和狗，如何区分性别、职业，如何区分人口年龄特征等。这样的分类思想在商业领域也是非常有意义的，往往能够提供重要的竞争情报。譬如，银行利用储蓄额、刷卡消费金额、诚信度等变量对客户分类，找出“黄金客户”，就可以更有针对性地为黄金客户提供高端服务，吸引他们成为本银行的忠实客户。企业如果通过销售和服务数据发现不同类别的人的消费方式是不一样的，就可以针对不同群体，制定不同的关系管理方式，提高客户对公司商业活动的响应率。

聚类（Clustering）是在分类思想上产生的一种算法，它可以将数据分组成为多个类（Cluster）。在同一个类内对象之间具有较高的相似度，不同类之间的对象差别较大。但聚类与分类存在很大的差异，主要体现在聚类所要求划分的类是未知的，因此聚类分析是具有探索性的一种分析方法，在分类的过程中，人们不必事先给出一个分类的标准，聚类分析能够从样本数据出发，自动进行分类。聚类分析所使用的方法不同，常常会得到不同的结论。不同研究者对于同一组数据进行聚类分析，所得到的聚类数未必一致，它能够帮助我们发现潜在的有意义的类别。

从统计学的观点看，聚类分析法是通过数据建模简化数据的一种方法。传统的统计聚类分析方法包括系统聚类法、分解法、加入法、动态聚类法、有序样品聚类、有重叠聚类、模糊聚类、K-均值法、K-中心点法等。

目前，聚类分析法已经得到广泛的应用，在商业领域聚类分析常被用来发现不同的客户群，并且通过购买模式刻画不同的客户群的特征。聚类分析是细分市场的有效工具，同时也可用于研究消费者行为，寻找新的潜在市场，选择实验的市场，并且可以作为多元分析的预处理环节。在投资方面，可以对企业信用等级进行分类，找到最具活力的龙头企业。在地理方面，可以对不同区域进行分类，辅助选址。在生物领域，聚类分析被用来对动植物进行分类和对基因进行分类，获取对种群固有结构的认识。在数据挖掘领域，可以作为其他数学算法的预处理步骤，获得数据分布状况，集中对特定的类数据做进一步的研究等。

9.3.5 判别分析法

判别分析法是多元统计中用于判别样品所属类型的一种统计分析方法，是一种在已知研究对象用某种方法已经分成若干类的情况下，确定新的样品属于哪一类的多元统计分析方法。它与聚类分析不同，在聚类分析中一般人们事先并不知道，也不明确规定应该分成几类，完全根据数据来自动识别和确定。而在判别分析中，至少有一个已经明确知道类别的“训练样本”，即已知一系列反映事物特征的数值变量的值，利用这个数据，就可以建立判别准则，并通过预测变量来为未知类别的观测值进行判别。所以，当得到一个新的样品数据，要确定该样品属于已知类型中哪一类，这类问题属于判别分析问题。

其基本原理是按照一定的判别准则，建立一个或多个判别函数，用研究对象的大量资料确定判别函数中的待定系数，并计算判别指标，据此即可确定某一样本属于何类。判别准则是用于衡量新样品与各已知组别接近程度的理论依据和方法准则，常用的有距离准则、Fisher 准则、贝叶斯准则等。判别准则可以是统计性的，如决定新样品所属类别时用到数理统计的显著性检验，也可以是确定性的，如决定样品归属时只考虑判别函数值的大小。判别函数是指基于一定的判别准则计算出的用于衡量新样品与各已知组别接近程度的函数式或描述指标。

根据不同标准，判别分析可以划分为不同种类。按照判别组数，可以划分为两组判别分析和多组判别分析；按照区分不同总体时所用数学模型，可以分为有线性判别分析和非线性判别分析；按照处理变量方法的不同，可以分为逐步判别、序贯判别等；根据判别准则的不同，可以分为距离判别法、Fisher 判别法和贝叶斯判别法。

判别分析法的应用也是非常广泛的，在自然科学和社会科学的各个领域经常需要对某个个体属于哪一类进行判断。在商业领域也是同样的，譬如我们在对行业竞争情况进行分析时，如果企业众多，就可以采用战略集团分析，不同战略集团有着不同的划分标准，利用这种标准可以将不同企业划分到不同的战略集团中，这就是典型的判别分析法的应用。判别分析法在竞争情报分析中常用来对新获取的情报进行判断分析，确定情报的类别、等级和作用等。

本章对部分常用的竞争情报分析方法做了简要介绍，其实在竞争情报工作中，不仅仅在竞争情报分析环节，在其他各个环节，也都需要根据实际情况灵活运用不同的分析方法，对竞争情报规划、采集、处理、分析和应用等工作内容做出恰当及时的调整，确保情报工作的有效性。

⑩ 竞争情报应用与反竞争情报

10.1 竞争情报传播应用

竞争情报的传播应用是实现竞争情报价值的最终环节，是将分析加工的结果以一定的形式传递给决策者，实现情报价值的过程。在此过程中，竞争情报人员需要就其所提供的情报服务征求反馈意见，以便修正竞争情报工作的目标和方式，制定并实施改进措施，以保证情报的质量，使其发挥最大的作用。

竞争情报服务是竞争情报部门使其工作成果产生效益和实现价值的高级形式，需要竞争情报部门与其他人力、行政部门紧密配合，针对竞争需要适时组织竞争情报的传递与利用活动。竞争情报服务的三种基本形式是培训服务、咨询服务和产品服务，即组织专门的知识和情报方面的培训、给予竞争情报咨询和提供竞争情报产品。

可以进行传播应用的竞争情报产品是借助各种载体反映市场竞争活动的特征及其变化的信息和情报的总称，是对竞争活动规律的客观描述和分析总结。根据竞争情报工作目标及服务对象的不同，可以划分出不同的竞争情报产品类型和成果形式。竞争情报常见的产品类型和成果形式有情报通讯，竞争对手文档、报告等。其中，情报通讯又叫情报简报，是针对若干专题而设计的一种定期资料简报，包括新闻简报、情报月报等定期出版物，如 SCIP 提供的包括新闻、新闻观点和与竞争情报有关的话题在内的定期出版物；竞争对手文档是企业竞争情报部门要建立并不断完善的重要数据库之一，可设置不同权限，分级向员工开放；报告是对决策制定过程中所依据的现状、经营和事实的有组织的客观陈述，通常由情报提供人员和分析人员共同完成针对特定主题的综合分析，包括专题情报报告、综合情报报告、决策咨询报告、情报数据库等。

竞争情报产品和服务最终还是要影响到企业的决策和行为才能产生实际应用的效果。譬如，1991 年，海湾战争爆发前期，国内商人除了关注美伊的军事力量外，对商业的关注者寥寥无几，但长虹集团的老总倪瑞峰从不停播放的战讯中获取到战争促使石油及附属产品价格跌入谷底，聚苯乙烯的价格也不例外的情报，立即做出采购 500 万吨聚苯乙烯用作电视机外壳材料的计划。后来，经过成功调运，长虹电视机外壳成本是国内同类产品成本的 45%，在利润分成中，长虹依靠这一商业情报的决策获得了 5000 万元的相对收益。从这个案例中可以看出，竞争情报只有通过应用实施，促使企业行为发生变化后才能产生实际价值。

现代社会中，政府、企业、科研机构等各类组织都需要注重竞争情报的采集和应用。譬如，政府部门在了解国际事务动态方面，需要定期收集上百个各种语言的外文网站平台信息，实时更新；信息需要自动地按照流程要求审核翻译确认和统计分析，来辅助对外政策的制定。对内，为实现高质量的服务，监测范围覆盖搜索引擎、新闻、论坛、博客、微博、电子报、问答、贴吧群组、微信公众号等各类型互联网信息载体，关注辖区内相关的正负面舆情，通过监测、研判和预警等功能及时发现各类问题，尤其是突发性问题，并采取恰当的措施。

企业需要实时监测竞争对手、潜在客户、合作伙伴、潜在竞争对手、相关政策法规等信息，譬如从各个行业的目标网站中获取潜在客户的各种信息，采集公司名录网站上的公司信息，采集搜索引擎上做行业广告的广告主的公司信息，采集地图搜索上目标地点的公司信息。基于这些竞争情报的分析，发掘新客户，设计竞争策略，做好战略规划等。目前，很多企业销售人员在电话访问潜在客户之前就完全了解了客户的各类信息，并做好相关准备，其原因正是在于情报的搜集和应用。

对于科研机构来说，会特别关注国内外新闻网站、期刊网站等，搜集全世界互联网中和科研、教学、大学课程相关的各种多媒体资源，也会购买文献数据库，供机构人员使用，从而减少人工工作量，降低研究成本。

由此可见，竞争情报的应用在各组织中均非常重要。其中，企业竞争情报采集对象更具有动态性，因此更为复杂。为了促使情报能够得到及时的关注和应用，企业有必要建立竞争情报系统。

10.2 竞争情报系统

企业竞争情报系统是企业管理的子系统，它的主要功能是为组织成员评估行业关键发展趋势，把握行业结构的变化，跟踪正在出现的连续性与非连续性变化，以及分析现有和潜在竞争对手的能力和变化，从而协助企业保持可持续性发展的竞争优势，是以组织网络、信息网络、人际网络为基础，以信息搜集模块、信息分析模块、信息服务模块为主要构成，为企业提供环境监视、市场预警、技术跟踪、对手分析、策略制定及信息安全等功能的人机结合系统。它能够为企业提供及时、准确并具有可行性的情报，并最终与战略决策相结合。因此，竞争情报系统实质也是企业的竞争战略决策支持和咨询系统，是能够对信息进行处理和分析的、能为制定关键战略决策提供情报和思想的系统。

竞争情报系统是建立在信息技术基础上的软件系统，因此系统必须灵活、可拓展方能满足企业对于系统功能的调整需求。随着信息技术的发展，竞争情报系统的功能也需要不断进化。相对于传统的竞争情报系统，现代竞争情报系统在“互联网+”背景下，数据更加广泛，在机器学习、人工智能、大数据分析、文本挖掘等全新技术的带动下，竞争情报系统需要能够融合多元数据，在众多信息海洋中发现潜在的有价值的情报。

竞争情报系统的建设要考虑到三个方面①：一是资源覆盖度，竞争情报系统要为企业战略决策做情报支撑，系统情报覆盖范围及情报更新频率、情报展示形式从一定程度上决定了竞争情报系统对战略的支撑程度。二是系统建设，构建中要从系统角度搭建系统的功能架构，考虑到系统对数据的加工处理性能、检索性能、可扩展性和运行的稳定性等。三是竞争情报系统的使用需要考虑用户体验，即界面要友好化，方便管理者、情报人员和用户对竞争情报系统的使用。

企业竞争情报系统在总体上是由数据信息层、知识层和决策层三个层面构成，也有一些地方将这三个层面称为资源层、系统层和应用层。其中，数据信息层主要是通过信息搜集手段，从信息源处获取可用的信息资源，构建核心数据库。这一层主要对应竞争情报采集和处理功能。知识层主要是应用已有的技

① 杨卫东，文淑美．构建企业竞争情报系统的应用实践［J］．中国钼业，2017（5）：58-60.

术对数据信息层的信息进行分析处理，形成更有价值的情报资源，因此这一层对应竞争情报分析功能，在这一层还能够实现内容管理、索引服务、筛选展示服务等。在决策层需要通过友好界面与竞争情报用户形成内容的交互，根据用户需求基于知识层的处理生成分析报告，以支持用户决策。

在功能结构上，企业竞争情报系统通常包括情报规划子系统、情报采集子系统、情报处理分析子系统、情报产品与服务子系统①。在人机交互界面方面，一般会设置情报资源导航、情报资源检索、情报资源共享与订阅、情报产品导航、系统评价等。此外，还需要考虑情报系统的安全性和人员的权限性，以及针对信息泄露的反情报措施，如图 10-1 所示。下一节将展开介绍反竞争情报需要注重的内容。

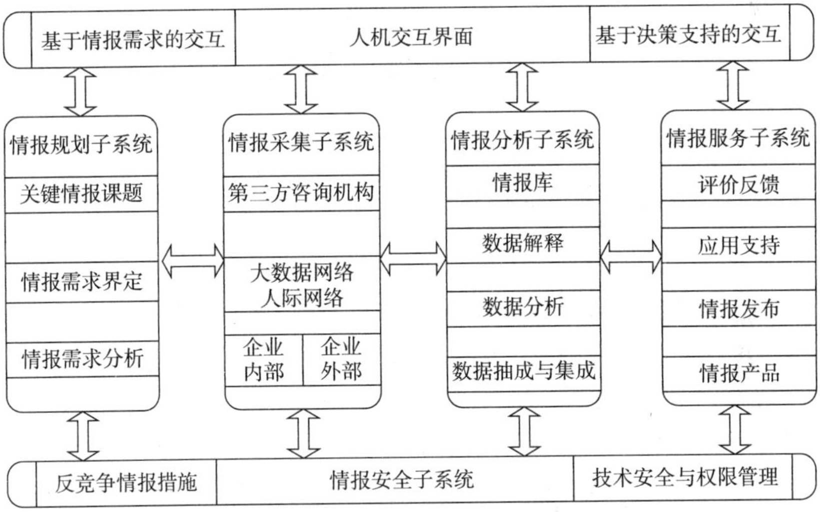

图 10-1　企业竞争情报系统的功能结构示意图

随着企业信息化的完善，竞争情报系统只是企业管理系统的一个子系统，它需要与企业其他系统拓展链接，实现信息的共享和企业内外部信息的实时更新。随着基于“互联网+”的推广，具有规模性、高速性、多样性的数据流迅速产出，竞争情报分析也需要融合新信息技术以实现动态化和实时化的需求。目前，大数据使竞争情报的工作环境发生了巨大变化，基于大数据智能的竞争

① 王洪亮，张琪，朱延涛．大数据环境下中小企业竞争情报系统模型构建［J］．情报理论与实践，2015（7）：113-118.

情报系统相比以往的竞争情报系统，除了提供基本的信息服务，更需要在大数据基础上满足用户对于知识层面的需求，提升竞争情报系统的情报感知和预测能力。从这个角度，新的竞争情报系统需要包含云计算平台、大数据平台和系统应用平台①。其中，云计算平台位于系统的底层，采用基础设施即服务（IaaS）的云计算服务模式，根据竞争情报系统的要求动态地扩展和配置计算资源。大数据平台搭建在云计算平台之上，由 Hadoop 框架和 Spark 框架组成，共同实现对海量数据集的快速处理和分析，为数据挖掘和情报分析提供高密度、高价值的数据。系统应用层在云计算平台和大数据平台的支撑下，通过处理规模不断增长的海量数据，实现对大数据的存储、计算和分析，最终实现竞争情报系统的总体功能。可见，未来竞争情报系统将面临巨大的技术挑战。

10.3 反竞争情报

10.3.1 反竞争情报的概念

在竞争情报系统中还需要考虑反竞争情报措施，以确保本企业竞争情报的安全性。所谓反竞争情报（Counterintelligence），是指企业为保护自己的商业秘密而采取的一种积极防御方法，用以抵消竞争对手的情报搜集活动，保护企业秘密和正常经营。竞争情报与反竞争情报的区别在于，竞争情报是企业为强化自身竞争优势主动搜集竞争对手信息的活动；而反竞争情报是企业针对“充满敌意”的情报搜集者，为保护自身的商业秘密，限制其传播所采取的措施。反竞争情报重要吗？我们从一些已经发生的案例中可以看出它对于企业来说是必不可少的。

在中澳铁矿石谈判过程中，力和力拓通过收买胡士泰等人，了解到了我国钢铁公司的详细情况，从采购计划到原材料库存、每月的生产安排、每月的钢铁销售都一清二楚，甚至比中国钢铁公司里面的一些老总还清楚，然后又掌握了我们钢铁谈判的底线，彻底做到了知彼。又知道澳大利亚的铁矿石是质量最优、数量最好的，也做到知己。于是谈判的主动权完全掌握在他们的手中。通

① 唐晓波，郑杜，翟夏普．基于大数据智能的竞争情报系统模型研究［J］．情报理论与实践，2018，41（11）：137-141，164.

过这个谈判，澳方力拓集团掌握了定价权，中国损失多大呢？根据《南方都市报》的报道，因为胡士泰等人出卖情报，导致中国在谈判中连续六年败北。铁矿石的价格在六年中暴涨达400%。中国钢企因此多付了7000多亿元人民币，比同期中国钢铁产业利润总和的两倍还要多。从中可以看出不注意情报保密的巨大代价。

当企业情报保密和反竞争情报意识不强时，处处都可能泄露机密。在国外形成的咖啡文化，让咖啡馆成为洽谈业务的优选场所，这里既可能是获取竞争情报的好地方，也可能是泄露商业秘密的地方，因此企业必须对员工进行有关反竞争情报意识的培训，对企业商业秘密进行界定，明确哪些内容是可以对客户提及的，哪些是不能对客户或其他人提及的。我国安徽宣州泾县生产的宣纸有“千年寿纸”“纸中之王”的美称，日本人对其中的奥秘垂涎已久。一次日本派人到一造纸厂参观，得到热情接待，有问必答，就连蒸煮原材料的碱水浓度这样的细节也和盘托出，临别还以树皮、长稻草浆和杨桃藤相赠。这使后来日本宣纸质量仅次于安徽泾县。在这个例子中，显然是缺乏反竞争情报意识，没有对企业资源中哪些是商业秘密进行界定。此外，公开发表的期刊论文也可能成为泄露机密的重要场所。当年，我国科学家在水稻杂交方面取得重要的技术突破，本想将这些技术有偿转让给美国，但当我国代表前往美国申请专利时，美方竟拿出我国学者公开发表的50多篇论述杂交水稻的文章，这些文章具体介绍了杂交技术及其很多细节信息，结果，我国只能申请有关花期相遇措施的单项专利。可见，技术层面的突破应尽早申请专利，获得知识产权保护。

上述一些案例一方面体现了反竞争情报意识的重要性，另一方面也说明反竞争情报的实施必须对企业需要得到保护的信息进行界定，并制定商业秘密保护制度和措施予以实施。

10.3.2　商业秘密

所谓商业秘密，是一种具有实际或潜在商业价值的，未被权利人同领域所普遍知悉并经权利人采取了保密措施的技术信息和经营信息。通常，当一条信息同时满足商业性、实用性、价值性和保密性时，方可构成商业秘密。其中，商业性、实用性和价值性说明商业秘密是可以交易的，可以为获得它的企业创造价值。然而，一旦商业秘密的保密性受到破坏，就意味着企业可能失去市场，失去竞争优势。

商业秘密通常包括技术秘密和经营秘密。其中，技术秘密指关键性技术、产品设计、秘密配方、技术诀窍，这类秘密可以申请专利保护；经营秘密指经营活动中产生的关键情报，如客户资料、供货渠道、市场策划、成本等。通常，有价值的商业秘密包括产品配方、蓝图、战略计划、设计、专利应用、保密文件、绘图、市场分析、公式、原型、时间表、悬而未决的并购、研究发现、广告攻势、市场测试结果、产品开发思想等。可见，多数的商业秘密是无形的，主要的价值体现于无形的思想、技术方法、文档、内部情报或保密的计算机程序中。

竞争情报与商业秘密保护的关系实际上就是“矛”与“盾”的辩证关系，也是进攻与防御的辩证统一关系。“矛”和“盾”都很重要，对现代企业而言，既要有锋利的“矛”，又要有厚实的“盾”。所以既要主动获取公开化的内外部信息，发现有价值的情报，又要对自身重要的商业秘密进行有效的保护，以免失去竞争优势。

商业秘密被泄露的主要途径通常有：未经许可或不经意的公开发表；竞争对手通过广告、公开谈话或新闻资料获取或分析出；在业务谈判中急于求成，自亮家底；商业秘密载体因各种原因被竞争对手获取；竞争者的反求工程；本企业人员故意出卖；电子文件、数据库或通信系统被非法进入；被参观者看到了不该看到的内容；被关系单位或关系人（销售或供应单位、上级机关、开户银行、律师等）所泄露；本企业职工被竞争对手雇用等。苹果公司曾告诫员工：“请擦去黑板上的字，并将你所有的秘密文件处理掉，工业间谍在你之后预定了这一房间。”可见，苹果公司有着很强的反竞争情报意识。

10.3.3 反竞争情报的方法

反竞争情报的方法通常可以分为主动和被动两类。其中，主动的反竞争情报通常指主动发布真实的或迷惑性的信息；被动的反竞争情报指防御型的方法策略，即建立内部保护机制、对敏感目标和薄弱部门进行监控、对员工进行反竞争情报教育等。一般而言，后者为主要的反竞争情报方法，但在一些特殊情况下会采取主动反竞争情报策略。

企业制定反竞争情报活动的流程如图 10-2 所示。首先，对企业现有资源能力进行梳理，明确需要保护的对象，分析每个保护对象的保护要求、保护时间和防范的对象，并对它们进行分类，能够专利化的及时申请专利，能够流程化的应固化到企业流程中，能够产品化的及时推动技术在产品中的应用，实现商业价值。其次，评估竞争对手的竞争情报能力和竞争对手收集情报来源的方法，评估自己企业反竞争情报的薄弱环节。最后，结合实战模拟的方法，确定针对不同保护对象的反竞争情报活动和策略，它们可以分为被动策略和主动策略两类。

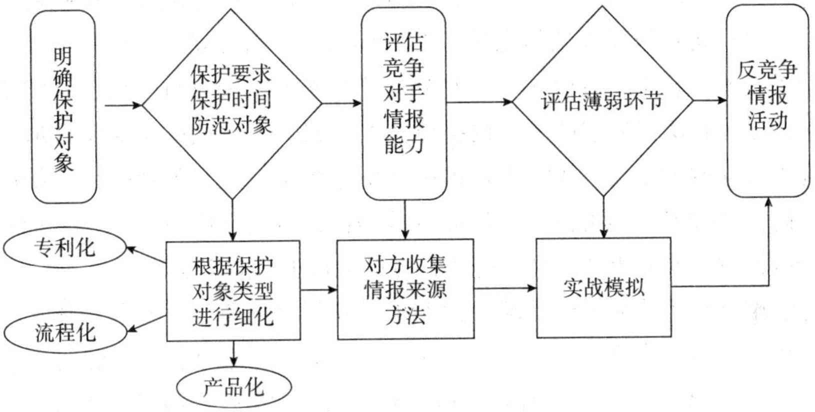

图 10-2 反竞争情报策略的制定流程

10.3.3.1 被动的反竞争情报方法

被动的反竞争情报就是防止被别人窃取重要情报的方法。《孙子兵法》中讲到"善守者藏于九地之下"，意思就是人要学会防守，要学会隐藏自己，就像藏在九层地下一样。企业要将重要的商业秘密保管好，不得被竞争对手或潜在竞争对手学走。

方法一就是《孙子兵法》中提到的"愚士卒之耳目，使之无知"，即有些信息不要让士兵知道，知道的人多容易泄密。企业很多重要的信息只能让高层、少数几个决策者知晓，不能够过多地公开。

方法二是构建防范机制，并对员工进行反竞争情报教育，让所有的员工均有情报意识和反竞争情报意识。常用的防范机制包括：注重招聘环境，严格审核雇员，避免招入有犯罪背景的员工；与所有雇员签订保密协议；控制和巡查对传真、复印机、电子邮件和 Internet 的使用，并申明隐私信息在公司范围内得不到保护；对负责绝密信息的人员使用代码；使用粉碎机，防范垃圾泄露；对离职雇员仔细检查，并签订协议；对供应商、合作方、投资方和物流方可能掌握企业商业秘密的合作伙伴，应签署保密合同；要求雇员不应在公共场所谈论企业商业秘密；对公司文件使用要有明确的规范；广告词的使用不得泄露商业秘密；对计算机数据要有安全防控措施；在全公司范围内形成一种保持警觉的文化氛围。

方法三是建立内部保护措施，对敏感目标和薄弱部门进行监控。主要是：采取必要的物理防范保密措施，如加强门卫管理、对建筑物的进出口进行严格监控；厂区或生产区域安装监控设施；重要的会议场所采取反窃听措施；使用雇员识别系统防止外来人员随意进入办公场所；在高度安全区域使用手纹、声音等识别技术禁止来访者照相等。对公司要发布的新闻进行审核；对需要公开的公共档案，在法律要求的范围内提供相关信息，尽可能防止对手获取完整情报；随着互联网的发展，还需要重视网络信息保护，应用各种软件保护网络信息，如防火墙技术、加密技术、认证技术等；针对公司的技术，需要特别重视知识产权保护，及时申请专利，防止在专业会议上无意识泄露。

方法四是利用法律手段寻求法律保护。我国对商业秘密的保护体现在许多法律法规中，如《专利法》《民法》《技术合同法》《劳动法》《刑法》《反不正当竞争法》《著作权法》《计算机软件著作权登记办法》《技术引进合同管理条例》《国家技术秘密出口审查暂行规定》等都制定了保护商业秘密的相关条款。

10.3.3.2 主动的反竞争情报方法

主动的反竞争情报方法通常是指主动发布迷惑性信息，让对手察觉不到或错误察觉。在《孙子兵法》中称之为示形法，即“形兵之极，至于无形，……能而示之不能，用而示之不用，近而示之远，远而示之近”。用今天的语言就是通过给别人假象，来隐藏真相。在情报领域称之为迷惑性情报（Disinformation）。

迷惑性情报和错误情报（Misinformation）是有区别的。迷惑性情报是有意识透露给接收者，使其上当的情报，当然整个过程是在法律和道德许可的范围内。错误情报可能情报源就是一个错误，或是传递过程中出现的错误，或是分析过程中产生的错误，但它并不是有意识透露的信息。迷惑性情报具有一定的谋略性，但错误信息是没有谋略性的，错误信息可能对企业和竞争对手都造成伤害，有时企业还可能将错误信息作为商业秘密加以保护。所以，主动的反竞争情报主要是指迷惑性情报，这种情报可能对企业员工、合作方和股东产生影响，因此在使用时需要综合考虑多方因素。

在现实中常见的迷惑情报有以下几类：一是声东击西型，即表面上声言攻打东面，其实是攻打西面。譬如，有的上市公司一年内三次向媒体透露要购买本公司股票，促使股价上涨，实际却在悄悄卖出股票。二是投石问路型，即先投以石子，看看有无反应，借以探测情况。比如，企业为了能够拿到采购最低价，想激发供应商之间的竞争，在定购产品时先报部分定单，确定各供货商的价格，掌握对方底牌，然后再拿出其他定单，使供货商之间产生竞争，报出更低的价格。三是空城计型。比如，销售商在销售其产品时，为了能够尽快促成交易，会在顾客面前声称有很多顾客也要买这个产品，再不尽快订购就没有了，这样购买心切的客户就会以较高的价格购买。四是虚张声势型。比如，企业在新产品投放市场之前，不停地对其进行宣传和介绍，激发消费者的购买欲望，取消对传统产品的定单，并摧毁竞争对手的开发信心，这就是虚张声势地散布迷惑情报的情况。

此外，企业还可以将真假信息混杂在一起，或通过增大信息量，或将整体信息击碎等来迷惑对方。譬如，企业在申请专利时，可以把关键性技术打散，分为多个专利来申请，避免竞争对手探寻到核心技术。当然，不论怎样，释放迷惑性信息要符合法律和道德规范。而且企业既然通过迷惑性情报保护自己的商业秘密，也要能够识别他人的迷惑性情报，以免做出错误的决策。

本章介绍了竞争情报传播应用的方式、竞争情报系统和反竞争情报的基本概念。在具体竞争情报工作中竞争情报系统是必不可少的，竞争情报系统不仅包含竞争情报功能，还包含反竞争情报的功能，即一方面对外获取竞争情报信息，为实现信息战略、获取竞争优势服务；另一方面对内保护企业商业秘密，维护企业竞争优势。

参考文献

[1] 高闯，关鑫．企业商业模式创新的实现方式与演进机理——一种基于价值链创新的理论解释［J］．中国工业经济，2006（11）：83-90.

[2] 霍国庆．企业战略信息管理的理论模型［J］．南开管理评论，2002（1）：55-57.

[3] 金错刀．爆品战略：39 个超级爆品案例的故事、逻辑与方法［M］．北京：北京联合出版公司，2016.

[4] 李长云．创新商业模式的机理与实现路径［J］．中国软科学，2012（4）：167-176.

[5] 李东．商业模式构建——互联网+时代的顶层布局路线图［M］．北京：北京联合出版公司，2016.

[6] 李华伟，董小英，左美云．知识管理的理论与实践［M］．北京：华艺出版社，2002.

[7] 李培．论组织的信息战略［J］．图书情报工作，2000（3）：12-14.

[8] 刘刚．创业企业商业模式的多层次结构创新——基于战略创业的欧宝聚合物案例分析［J］．中国工业经济，2018（11）：174-192.

[9]［韩］W. 钱金，［美］勒妮・莫博涅．蓝海战略——超越产业竞争，开创全新市场（扩展版）［M］．北京：商务印书馆，2016.

[10] 唐晓波，郑杜，翟夏普．基于大数据智能的竞争情报系统模型研究［J］．情报理论与实践，2018，41（11）：137-141，164.

[11] 王洪亮，张琪，朱延涛．大数据环境下中小企业竞争情报系统模型构建［J］．情报理论与实践，2015（7）：113-118.

[12] 王向斌．情报研究的方法体系［J］．情报理论与实践，1996（6）：20-23.

[13] 王秀梅．试论情报分析研究方法的体系建议［J］．情报理论与实践，1998，21（5）：259-260.

[14] 王知津，张丽丽．竞争情报四分卫法实施及案例分析 [J]. 情报科学，2008，26（3）：328-333.

[15] 杨卫东，文淑美．构建企业竞争情报系统的应用实践 [J]. 中国钼业，2017（5）：58-60.

[16] Alavi M., Leidner D. Review: Knowledge Management and Knowledge Management Systems: Conceptual Foundations and Research Issues [J]. MIS Quarterly, 2001 (25): 117-136.

[17] Davenport T. H., Prusak L. Working Knowledge: How Organizations Manage What They Know [M]. Harvard Business School Press, 1998.

[18] Dong D., M. Chen. Publication Trends and Co-citation Mapping of Translation Studies between 2000 and 2015 [J]. Scientometrics, 2015, 105 (2): 1111-1128.

[19] Hu J., Zhang Y. Research Patterns and Trends of Recommendation System in China Using Co-word Analysis [J]. Information Processing & Management, 2015, 51 (4): 329-339.

[20] Jaakko A., Joel H., Henrikki T. Business Model Innovation Vs Replication: Financial Performance Implications of Strategic Emphases [J]. Journal of Strategic Marketing, 2010, 18 (1): 39-56.

[21] Osterwalder A., Pigneur Y. Clarifying Business Models: Origins, Present, and Future of the Concept [J]. Communications of the Association for Information Systems, 2005, 16 (1): 1-25.

[22] Ravikumar S., Agrahari A., Singh S. N. Mapping the Intellectual Structure of Scientometrics: A Co-word Analysis of the Journal Scientometrics (2005-2010) [J]. Scientometrics, 2015, 102 (1): 929-955.

[23] Thomas L. Saaty. Decision-making with the AHP: Why is the Principal Eigenvector Necessary [J]. European Journal of Operational Research, 2003 (145): 85-91.

[24] Van der Poel K. G. Theory and Practice of Information Strategy [M]. Tilburg University Press, 1995.

[25] Wirtz B. W., Pistoia A., Ullrich S., et al. Business Models: Origin, Development and Future Research Perspectives [J]. Long Range Planning, 2016, 49 (1): 36-54.